不動産リノベーションの企画術

不動産
リノベーション
の企画術

著・中谷ノボル＋アートアンドクラフト

学芸出版社

はじめに

日本でリノベーションが広がり始め、20年は経ったでしょうか。僕は1998年にリノベーションを事業化しました。当時、国内の建築不動産業界ではリノベーションを専業にする会社を他に見つけられなかったので、かなり早かったんだと思います。当初は流行に敏感な30代の人たちを中心に中古住宅、特にマンションをリノベーションして暮らすライフスタイルが流行り、その後は賃貸マンションのリノベーションや、リノベーション済み住宅の販売など、リノベーションが不動産オーナーやデベロッパーへと伝播、普及していきました。

いまやリノベーションは、廃校が決まった地域の小学校など公共施設や公共空間の再生にまで広がり、リノベーションという言葉が、単体建物の再生手法というよりも、街づくりにまで拡張できる「都市再生の切り札」のようになってきています。以前なら既存の建物をさっささと解体して新たな土地活用を考えれば良かったんでしょうが、安易な新築や再開発では、持続可能な成功はない時代だと人々は気付いています。

だからといって、なんでもかんでもリノベーションすれば成功するわけでもありません。人口減少が続くのに新築住宅が大量に供給されるため、2040年には空き家率が43%にも上ると予測されています（2013年時点では13・5%）。これから先は、その他多くの建物に埋没しない「個性」が問われる時代なのです。特に昨今のリノベーションでは、従前の用途から別の種類の建物に転用（コンバージョン）するプロジェクトなど、今まで以上に知恵と技術が求められるケースが増えてきています。

本書では、小規模な賃貸戸建のリノベーションから、マンション、オフィスビルやホテルの再生まで、実例を元に「不動産リノベーション」における一連の流れを、実際のプロセスに沿って解説していきます。

1章　見極め術――不動産の魅力・価値を知る
2章　商品企画術――誰にめがけてつくるかで9割が決まる
3章　設計術――デザインにもテーマを一貫させる
4章　集客術――ネーミングと写真が決定率を左右する

そして、このような方を読者として念頭においています。

・先代が建てたビルやアパートを引き継いだ不動産オーナーさん
・企業が所有する不動産活用を任された総務部などの担当者さん
・新築は分かるが、ストック活用は初めてというデベロッパーの企画マン
・設計は分かるが、企画や集客など一連の流れを知りたい建築士

僕たちが知る「不動産リノベーション」の実務を包み隠さず、そして正直に書き進めたいと思います。ご自身のプロジェクトで何か一つでも「参考になった、応用できたよ」、最後にそう言ってもらえたなら光栄です。しばらくの間、お付き合いください。

２０１８年８月
アートアンドクラフト代表　中谷ノボル

不動産リノベーションの企画術
目次

4章　集客術――ネーミングと写真が決定率を左右する

プロローグ

都市のアツいスポットはリノベーションでできている

今リノベーションは、世界の都市開発では欠かせない要素となっています。僕は旅行が好きなんですが、今どこの都市に行っても商業施設、文化施設で注目のスポットは、もれなくリノベーション物件です。新築で「ここは行っとけ」と言われるのは、背の高いビルかフランク・O・ゲーリーみたいな有名建築家がつくった尖った現代建築しかありません。これ、僕がリノベーション好きだから選んで行っているというわけではないのです。普通の旅雑誌に載っているようなスポットが、リノベーション物件ばかりになっているのです。

なぜこういう現象が起きているのでしょうか。今、新築で再開発するのって厳しいんです。特に商業系。土地の取得費や建設費の高騰を受けて採算が取りにくくなっており、どんなテナントを入れるかでしか勝負できなくなっています。売上があがるテナントしか呼べないから、判で押したような再開発プロジェクトばかりになってしまう。

リノベーションの面白いところは、そこまでの投資をしなくても施設をつくれることです。しかも既存の建物は建築当時の時代や特徴を必ずもっているのでそれが個性になりやすい。だから建物の形にも入居者にもバリエーションを出せる。個性のある施設がリノベーション物件ばかりになっている背景には、理由があるのです。

フランス統治時代のアパートにお洒落カフェが入居して人気に（ホーチミン）

レトロアパートが洒落たショップで埋まり
人気の商業ビルに（ホーチミン）

移民収容所や刑務所を経て生まれ変わった
LLOYD HOTEL（アムステルダム）

新築よりリノベーションの方が、自由度が高い

住宅でもそうです。デベロッパーが開発するような新築物件の場合、容積率や斜線制限といった敷地条件から自ずと形が決まります。そこから建設コストが逆算され、「家賃を20万円はもらわないと採算が取れないから、こんな人に住んでもらう必要がある」というようなシビアな計算から企画が出発します。たとえば大阪の都心部では、１９９０年代以降のバブル崩壊による地価下落とオフィス需要の減少を受けて、都心回帰の傾向が生まれ、タワーマンションがたくさん建てられました。この場合、高額な初期投資を回収するために家賃設定は高めに、住人の所得や家族構成は一様に設定されます。でもそればかりでは街の魅力が死んでしまいます。あまりお金を持っていない人やさまざまな立場、職業、年齢の人も取り込んでいかないと、街は面白くなりません。

新築って何でもできそうに見えて、実はすごく不自由なんです。アートアンドクラフトが新築の仕事を受けていない理由もここにあります。無駄な図面をいっぱい描かないといけないし、建築確認申請が必須です。最近は建築確認申請を出したら、その図面通りにつくらないとならなくなりました。

リノベーションならば建築確認申請が不要な場合が多いので、現場でちょっとした変更ができます。途中で職人さんから良い提案がもらえるし、設計者からお客さんに提案することもあります。そうやって柔軟に変えられる方が、面白いものができるのです。

多様な人が居心地よく住めることが街の価値になる時代

LIFULL HOME'S総研の島原万丈さんが、豊かな生活体験ができる街を「官能（センシュアス）」という形容

詞を使って評価しました。スペックだけで街や建物を評価するのではなく、感情に訴え、心に響く場所を支持する方向へと、都市の魅力を図るものさしが変わろうとしています。また教育改革実践家として知られる藤原和博さんは、1998年あたりから「成長社会」から「成熟社会」に入り、みんなが同じ正解を求める時代から、一人ひとりが納得解を出す時代へと変わったと言っています。不動産マーケットにもそのような考え方が浸透しつつあるように思います。多様な人が居心地よく住めることが、街の価値になる時代が訪れているのです。

でも、ほとんどの企業は、成長社会と同じ方法で商品開発をしています。似たようなテナントが集まった商業系の再開発プロジェクトが生まれ、相変わらずタワーマンションばかりが建っています。そして再開発をするならば小さくても何かしら古いものを残せばよいのに、一旦すべてを更地にしてしまいます。

しかしここで、古い建物をあっさりと壊してしまうのは、実はもったいないのです。これから少子高齢化とともに人口減少が進む日本では、空室率が上がっていくことは避けられません。不動産市場では、過剰供給がなされる中での厳しい競争が待ち受けています。そこで値段の叩き合いを避け、競争力を高めるための正解は何でしょうか。僕は希少性を出すことしかないと思っています。そこで有効なのが、古い建物です。たとえば長屋には希少価値があります。昔の法制度や技術に基づく建築様式でできているので、これから増えることはありません。古くて汚いからと避ける方も多いのですが、水回りなどをきれいにすれば、圧倒的な優位性が生まれます。長屋ほど珍しくなくても、既存物件には何かしら特徴があるものです。

古いものを壊し、短期的な利益だけを追って再開発をしても、数年後には新しい物件との競争に負けて市場に飲み込まれてしまいます。そして地域から歴史が失われ、街の深みがなくなってしまいます。しかし希少性のある古い建物を活用すれば、街の歴史を殺すことなく、収益性も犠牲にせず、都市を更新していくことができるはずです。

大地主がまちづくり視点で不動産を経営するのはなぜか

先ほどリノベーションは都市開発にとって必須の要素になりつつあると述べましたが、建物単体だけではなく、まちづくりの視点からリノベーションを捉えているオーナーも存在します。たとえば大阪市住之江区を中心とする大地主、千島土地株式会社の芝川能一さんがそうです。

芝川さんとは、僕が船に乗っていたことがきっかけで知り合いました。今や文化拠点として知られる名村造船所跡地が単なる造船所跡地だった頃、僕はそこにある船の修理工場で自分の船の修理をしてもらっていました。そこにすごいクルーザーが1隻泊まっていたので、工場の人に誰の船かと聞くと「殿やで」と言われました。殿というのは一帯の地主である芝川さんのことでした。

芝川さんはたまに関西で活躍する著名人を呼ぶパーティークルーズのようなことをしていて、そこになぜか僕が乗ることになり、話すようになりました。最初の何年かは仕事の話は出なかったのですが、十数年前、大阪市中央区に所有している近代建築「芝川ビル」の改修について相談を受けたことをきっかけに、たびたび仕事でも関わるようになりました。その後「芝川ビル」は、感度の高い飲食店やショップが入居する複合ビルに変わりました。さらに千島土地のお膝元である大阪市住之江区北加賀屋は、名村造船所跡地の活用をきっかけに、アートの力によって人が集まる街へと変化しつつあります。

千島土地とのプロジェクトに「APartMENT」というものがあります（67、117ページ参照）。千島土地が所有する元鉄工所社宅の再生事業で、北加賀屋をアートで盛り上げるならば、このくらいやってはどうかと、一つひとつの部屋を異なるアーティストがリノベーションするという提案をしました。面白いけれど非効率なので、この提案に乗ってくれたときには驚きました。複数の物件を所有する大地主だからこそ実現できるという側面はありますが、街全体の価値が上がることを考えているから、単体での採算性にこだわらず、挑戦的な事業をされるのです。

街からヒントをもらって、物件を差別化する

千島土地のように不動産をたくさん持っているオーナーに限らずとも、街の特性を踏まえることは重要です。差別化をはかり、長く人を引きつける不動産を生み出すことにつながるからです。

さきほどリノベーションは全世界で流行しているといいましたが、企画のパターンも似通っていることが多いんです。先日ベトナムのホーチミンに滞在したときに、こんな施設がありました。フランス統治時代に建てられたアパートで、かわいらしい外観です（9ページ参照）。中はビストロとカフェ、雑貨屋さんなんかが入っています。カフェはメニューが黒板に手書きで、アンティークの家具が置かれていて、ショーケースにケーキが並んでいて、何となく雰囲気がいい。この感じは世界共通、典型的なテナント構成と内装なんですね。

こんなふうに、別の施設で使われている企画をそのまま当てはめた施設は、今はよくても長続きしないのではないかと思います。施設を差別化するためには、既存の物件の魅力を知ることに加え、街の特性をつかむことが重要になってくると思うのです。

不動産の収益性は、マネーだけでは計れない

不動産投資をされるほとんどの方の目的は〝マネー〟です。世の中にある不動産投資の本も、内容のほとんど

はいかに儲けるかということに集約されています。しかしアートアンドクラフトには、不動産で大儲けを企んでやろうというお客さんはあまりやって来ません。もちろん収益性を大切にはしています。少なくともマイナスになる投資はしません。しかし収益性が第一の判断基準というわけでもありません。

たとえば第3章に登場する「銭屋本舗本館」（155ページ参照）のオーナーの場合は、建物のある上本町エリアをどんな場所にしていきたいかという街に対するビジョンと、ビジネスとして収益性を追求することがリンクしています。銭屋本舗本館は、ビジネスとしてもうまくいっているのですが、お金だけを追いかけているわけではありません。前述の芝川さんもそうです。お金以外の、たとえば街に対する影響力などを大事にし、その効果を実感しているからこそリノベーション事業をどんどん進めているのではないでしょうか。

共通していることは、多くのオーナーが最初から、建物か街について多少なりとも愛着や誇りを持っていることです。といっても自信満々で来られる方は少なく、薄々いいものではないかと思っているけれど、どうでしょうか、と相談にやって来ることが多いです。アートアンドクラフトは、それに共感し、後押しします。そして実際にリノベーションをしてみると、オーナーが想定していなかった評価がついてくることがあります。たとえば1章と2章で紹介する「新桜川ビル」（57、69～、120ページ参照）の場合は、一般社団法人リノベーション協議会が主催する「リノベーション・オブ・ザ・イヤー２０１７」で総合グランプリを受賞しました。最近は「浪速区の都市景観資源」にも登録されたので銘板をつくりたいとの相談があり、アートアンドクラフトでそのデザインもしました。不動産をクリエイティブに活用することは、街並みや都市のあり方を変え、建物やオーナー自身の評価という、マネー以外の価値へとつながっていくのです。

事例：クラフトスタジオ神路

自腹だからできた、自由で尖ったリノベーション

ここで事例「クラフトスタジオ神路」を紹介します。これは僕がはじめて手がけた収益物件です。古い建物の個性を生かし、街からヒントをもらい、リノベーションならではの自由度を最大限生かした企画・設計を行いました。その結果、借り手が途切れない人気物件となって十分な収益性を実現し、かつ初期のアートアンドクラフトの看板事例の1つとしての役割も果たしてくれました。この物件を例に、アートアンドクラフトの不動産リノベーションの流れを解説しようと思います。

その前に僕の自己紹介を兼ねて、この建物をリノベーションすることになった経緯をお話したいと思います。「クラフトスタジオ神路」をリノベーションしたのは、リノベーション事業を始めて3年ほど経った、2001年のことです。オーナーは僕の父親です。父は大阪市東成区で材木屋を営んでいました。ここは大工さんが材木の継手や仕口を刻むための作業場でした。しかし90年代にコンピュータ制御で自動的に加工できるプレカットに移行したため、このスペースは不要になりました。壊して駐車場にするという話も出ていたので、「それなら僕の好きにさせて欲しい。駐車場で貸してもせいぜい月々9万円くらいやけど、住めるようにすれば少なくともそれ以上にはなるで」と、生活できる空間に倉庫をリノベーションする案を持ちかけました。

僕は三男で信用がなく、父からはやることなすこと反対されてきました。就職した不動産会社を3年で辞めたのも考えがあってのことでしたが、昔気質の父からは、同じ会社に長く勤めない人間はダメだと言われました。ところがリノベーション事業をはじめてしばらくして、徐々にアートアンドクラフトの仕事がメディアに紹介され始めました。話を持ちかけた頃には、そういうものを見たまわりの大工さんたちから「三男、頑張ってるで」

2001年に初めて手がけた収益物件。材木屋の作業場をリノベーションした住宅「クラフトスタジオ神路」。完成直後にグラフィックデザイナーが惚れ込んで入居してくれた。正面の扉（上右：改装前、上左：改装後）と完成後の住居内部（下）

と言われるようになってきて信用し始めたらしく、また工事費も僕が出すことにしたので、この物件については特に何も言われませんでした。

結果としてできたのは、屋根と外壁はあるけど内部はＤＩＹでできるような最低限の設えだけの、ワイルドな住宅です。後に建築家の作品でも、この類のラフな住まいを見かけるようになりましたが、できた当時は誰もやっていなかったタイプの住宅だと思います。もし建築家・中谷ノボルとして取材を受けたとして「代表作は何ですか？」と聞かれたら、３件の中には入れたいくらい気に入っている建物です。

自腹だからこそ実現できた尖った物件ではありますが、アートアンドクラフトのリノベーションの、ベースとなる考え方は詰まっています。どんなふうにリノベーションを進めたのか、⑴見極め、⑵企画、⑶設計、⑷集客と、本書の構成と同じ順番で、手順を追って解説します。

⑴見極め

まずは元の建物の魅力を分析します。ここは鉄骨造で、片流れ屋根がかかる倉庫らしい倉庫でした。コンクリートブロックと波板で覆われたシンプルな外観です。内装もブロックそのままか、せいぜいベニヤを張っただけでした。間口約６ｍ、奥行き約12ｍの空間で、天井高が高いところで５ｍありました。天井には、大工さんが熱気を逃がすための、手動で開閉できるトップライトが２つあり、いい光が入ってきました。表の扉は車も出入りできる大きなもので、重々しい南京錠がかけられていました。壁には大工さんたちに火の用心を訴える、筆文字の注意書きも残っていました。古い鉄骨の架構や、経年変化で味わいの増した躯体は、新築で再現できるものではなく、希少性があるといえます。元の建物に十分な魅力があり、リノベーションによって価値を高めることができると感じました。

(2) 企画

続いて企画です。まず思い描いたのは、映画『フラッシュダンス』の主人公の暮らす、倉庫を改装した家です。日本でいうと『探偵物語』の松田優作の事務所とか、『傷だらけの天使』でショーケンと水谷豊が住んでいた屋上ペントハウスみたいな雰囲気です。ああいった、住宅として用意されたわけではない隠れ家的な場所に暮らしたい人は世の中にいっぱいいる、つくったら当たると思いました。しかしこれだけでは十分ではありません。ターゲットを絞り込んで企画にキレを出す必要があります。

そこでまずは市場調査をします。界隈は、下町の長屋街です。まわりに住宅が多く前面道路も狭いので、倉庫のままでは需要がありません。しかし、大阪ミナミのターミナル駅、難波から地下鉄で10分の新深江という駅に近く、まわりにはスーパーも商店街もあるので住みやす

「クラフトスタジオ神路」間口6m、奥行き12m、トップライトの入る作業場（改修前）

いエリアです。最近になって周囲の街並みは変わりましたが、未だ現役の銭湯が徒歩2分のところに残っています。生活機能を入れれば、借り手はつくはずです。

次に行うのは、ターゲット設定です。この建物にぴったり来る住人がどんな職業で、どんなライフスタイルなのかを想像します。思い描いていたのは、アトリエやスタジオとして利用する方です。たとえば窯を常に確認しなくてはならない陶芸家とか、車やバイクが趣味でこまめにメンテナンスしたい方など、工房的なスペースと住まいを一致させたい方です。広い作業スペースや、天井高、音を出せる環境を望んでいて、一般的な住まいでは満足できない人は確実に存在すると考えました。

そして設定したターゲットがどんな生活をするのかをイメージし、倉庫の名残を留めた広めの土間の中に、寝泊まりできる機能をおさめるという企画をまとめました。

⑶設計

設計は、とにかく企画からブレないことが重要です。「倉庫らしさを留めた、寝泊まりできるスタジオ」という企画に目がけ、設計します。倉庫感を残すため、仕上げは意図的にラフな風合いとしました。自分が工事費を持つので、ローコストで仕上げなくてはならないという事情もありました。工事は地元の昔からよく知る大工さんにお願いして、工事費２００万円台という超ローコストでリノベーションしました。

お風呂やキッチンの設備は、業務用のものを入れました。お風呂の壁はブロックで、上は倉庫の天井まで筒抜けです。もちろん寒いです。後に暮らしていた住人のひとりに聞いたところ、お風呂に浸かっている間にどんどんお湯が冷めていくそうです。でも「寒いこと以外は快適」だといって、楽しんで暮らしていました。

寝泊まりするスペースまでも倉庫の状態のままでは居住性があまりにも悪いので、しっかりと断熱した白いハコを入れました。建築家っぽい発想ですが、異物を入れて倉庫と対比させるという効果も狙いました。床に厚み1寸（約3㎝）もあるスギ板を張って、冬は暖かく、夏は涼しい、とても居心地のよい場所にしました。土間の手前は駐車場にもできるためそのままで、奥半分は生活しやすいようにカラークリートという色付きの仕上げ材を用いて、平滑にしました。

表の木製のシャッターは板を張り替えて黒く塗り、一部に開閉できる「くぐり戸」を設け、隠れ家感を出しました。そして大工さんに向けた注意書きも残しました。当時はリノベーションが一般的ではなかったので、意図的に〝リノベ感〟を演出したのです。

(4) 集客

最後に集客です。集客で重要なのは、企画に沿ったコピーを付け、暮らしぶりがイメージできる写真を撮り、ターゲットに向けて宣伝をすることです。ただしここの場合、最初は、当時アートアンドクラフトの広告デザインをしてくれていた方が惚れ込んで借りてく

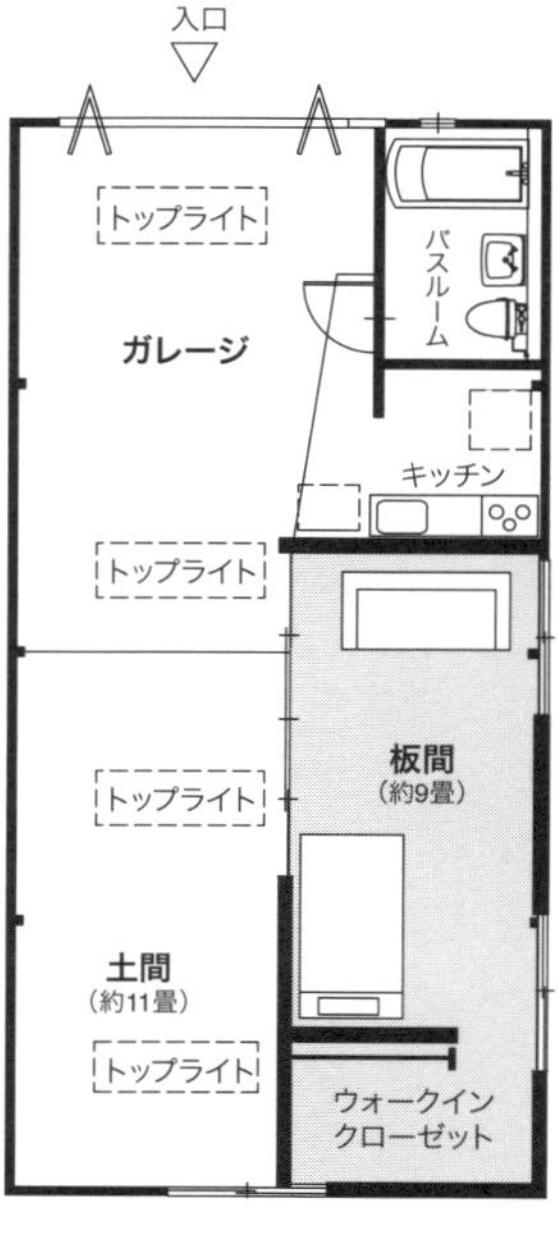

延床面積：68.44m²	構造：鉄骨造平屋建	建築年：不詳

「クラフトスタジオ神路」作業場内に、寝泊まりするスペースとして断熱した白いハコを設置した。工事費200万円台のローコストリノベーション

れたため、宣伝が不要でした。

以降、大阪R不動産で入居者募集するときのコピーは短く「倉庫礼讃」。最大の特徴である、倉庫の魅力をコピーに込めました。そしてトップライトのある高い天井と、作業のできる土間、白いハコという特徴がひと目でわかる写真をメインカットとしました。最初の住人がバイクを大事にしていて、家具をいろいろと持っていたので、それを生かして撮影をさせてもらい、土間を駐車スペースや作業場、ギャラリーのように使えることを表現しました。

その後住んでくださった方に聞くと、トップライトを閉め忘れて家を出ると、家の中が雨でびしょ濡れになっていることもあったそうです。休みの日にぼんやりと天井を見つめていると、トップライトの上で日向ぼっこをしているネコのお腹がよく見えることも。よくも悪くも自然環境との距離が近い住まいです。

住む人を選ぶ住まいなので、そんなに簡単には入居者が決まるとは思っていなかったのですが、常にいいタイミングでいい方が決まって、２００１年から現在まで17年間、継続的に入居者がいます。海外生活が長かったデザイナーさん、スタイリストで自ら服作りも行う女性など、ものづくりに携わり、住宅に手応えを求める方が住んで下さっています。当初は家賃15万円ほど、現在は12万円で貸しているので、工事費２００万円台という投資はすぐに回収でき、ほとんど補修もせずに使い続けています。

「クラフトスタジオ神路」ラフな仕上げのスタジオだが2001年から2018年まで継続的に入居者のいる物件となった

1章

見極め術

――不動産の魅力・価値を知る

① 古い建物をリノベーションし、収益物件に変える面白さとは

リノベーションで、不動産の価値を上げる会社

アートアンドクラフトは大阪を拠点とするリノベーション会社です。関西ではいち早くリノベーションを手がけ、世の中に定着させた企業だという自負を持っています。リノベーションとは、古い建物を改修し、元の魅力を生かしつつ新しい価値を加えること。事業の軸は、１９９８年から20年間で７００件以上手がけた住宅のリノベーションです。クライアントの多様なライフスタイルや好みに合わせ、デベロッパーによる大型マンションなどでは実現できないユニークな住まいを関西一円で生み出してきました。

会社の設立自体は１９９４年です。しかし最初の4年間の事業は、リノベーションではありませんでした。はじめは材木屋を経営していた父と一緒にデザイナーズ建売住宅の事業をしようと思っていたのです。ところが買おうとしていた土地の契約が流れ、阪神・淡路大震災が起き、その復興対応のコンサルティング業を神戸で3年間やることになりました。この頃に、もう新築の時代ではない、建物のストックをこれ以上増やす必要はない、ということに気づきました。というのも、震災でたくさんの建物が倒壊しましたが、失われたストックの復興はわずか2年で達成でき、むしろ建物が余るという事態を目の当たりにして、これからはストック活用だと実感したのです。そこで震災復興の仕事が一段落して大阪に戻ってきてから、中古住宅のリノベーション事業を始めました。当初は設計と不動産仲介のみ、後に施工も手がけるようになりました。そして１９９８年に中古マンションの一室を買い取り、まるごと改装して販売する「クラフトアパートメント」シリーズの第一作を発表しました。

売却に苦労して、資金もなかったので少し不安になったのですが、幸いこれを見た多くの方から中古マンション探しとリノベーションを頼まれました。これが上手くいき、しかもとても楽しかったのです。お客さんが喜んでくれて、しっかり会社に利益も残るとわかったので、その後も続けていきました。

個人住宅のリノベーションをコツコツと行う傍らで、力を入れている事業があります。不動産コンサルティングです。オーナーから相談を受けて、既存の建物をリノベーションし、収益性の高い不動産へと再生させることをアートアンドクラフトではこう呼んでいます。最初に手がけたのはプロローグで紹介した「クラフトスタジオ神路」ですが、後ほど紹介する「池田の長屋」（40ページ参照）を手がけた2001年あたりから本格的に取り組み始めました。僕の前職の同期で収益物件に強い人間がスタッフに加わり、ビル好きの設計スタッフが住宅のみならず収益物件にも関わるようになって、徐々に依頼も増えていきました。本書では主に不動産コンサルティングの事例を紹介しながら、古い不動産の再生手法をお伝えします。

総合的な知識と提案力が試される、不動産コンサルティング

不動産コンサルティングが個人住宅のリノベーションと大きく違うのは、対象が収益物件であることです。個人住宅の場合は、お施主さんが満足しさえすれば目的はクリアできますが、不動産コンサルティングの場合、お金の稼げる不動産にしなくてはなりません。

そのために、さまざまなことを考えます。どんな用途にするか、どんな人が入居するのか、家賃はいくらか、収益性はどうか、設計をどうするか……と、活用法からデザインまで幅広く検討します。

古い長屋を仕事場にもなる住まいに改修したり、社宅をホステルにコンバージョンしたりと、手がけた事例に

はさまざまなものがあります。用途変更を伴うことも多く、そんなときには宿泊施設ならば消防法や旅館業法、飲食店ならば食品衛生法など、さまざまな法律をクリアする必要があります。建築工事費や不動産市場などの流動的なマーケットを踏まえつつ、持続的な収益を実現させることも必要です。さらに設計の工夫や広報戦略でも、入居率が大きく変わります。総合的な知識と提案力が試される、つくり手としては非常に腕の鳴る分野です。

② テーマを発見し、貫くことで物件の価値は上がる

チームメンバーは全員が建築士。強みを活かしてワンストップで進める

アートアンドクラフトの不動産コンサルティングは現在、僕を含む5人のメンバーで取り組んでいます。特徴は全員が建築士であること。うち3人は宅地建物取引士の免許も持っています。いわば建築と不動産の両刀使いです。1人はダントツで設計ができる上、実家が工務店なので大工もできます。また1人は入居者募集も担当していて、広報にも強い。こんなふうにそれぞれ得意分野があって、かつ建築と不動産取引のことをわかっています。プロジェクトは毎週の会議で、全員の意見を確認しながら進めます。お客さんと接するのは1～2人ですが実際にはチームで進めています。

役割分担はプロジェクトごとに変わります。たとえば古い社宅を再生した集合住宅「APartMENT」の場合、僕が最初の企画書を書きました。次に企画と不動産取引に通じた人間が「アドバイザー」という役割でオーナーと打ち合わせをします。そして設計を得意とする者が「プランナー」として設計と監理をし、さらに入居者募集の段階で広報に強いメンバーが出て来る、という順に進めました。

アートアンドクラフトの強みは、企画から設計施工、売却や募集までワンストップでできることです。不動産紹介サイト「大阪R不動産」を運営しているのでリノベーション物件を流通までまわせる上、現場のマーケット感覚を企画に反映できます。もし設計はこのデザイナーに頼みたい、施工は知り合いの工務店にお願いしよう、募集は昔から付き合いのある○○不動産に頼もう、などと分けて依頼する場合、クライアントがマネジメントまで担う必要があります。このマネジメントができる素養や時間がある方は、かなり限られます。

一方で、中古不動産再生の需要はこれから伸びると思われます。すべてのプロセスに通じたプロの存在は、今後ますます求められるようになるのではないでしょうか。

ただし建築と不動産の両方に強いアートアンドクラフトのメンバーにも、すべてのプロセスを1人でできる者はいません。チームだからできるの

アートアンドクラフト、大阪市内のオフィス。個人住宅のリノベーションと、不動産コンサルティングを手がける

です。だからアトリエ系の設計事務所なども、不動産や広報に通じた人と組めば、十分対応できると思います。

テーマを貫くことが、なぜ重要か

アートアンドクラフトでは、企画、設計、そして売却や募集までの全プロセスで、しっかりとテーマを貫くことを大事にしています。テーマというのは、プロローグで紹介した「クラフトスタジオ神路」でいうところの「倉庫らしさを留めた、寝泊まりできるスタジオ」のような、リノベーションの方針のことです。

テーマを貫くことには、大きく2つのメリットがあります。1つはスピードです。コンセプトがはっきりしていればいるほど迷わずに、手早く完成まで進めるので効率的です。企画段階でテーマを明確にしておけば、設計段階で建材を選ぶにも迷いません。オーナーが急に不安になって、あれ

2011年からアートアンドクラフトが運営している不動産紹介サイト「大阪R不動産」

もこれも採り入れたいと考え始めても、コンセプトに立ち返れば手戻りが発生しません。

もう1つは、商品の魅力が伝わりやすくなることです。テーマが途中でブレると、商品のコンセプトがぼやけてしまい、結果として売りづらくなります。逆にこちらが会ったこともない不動産仲介の担当者にまで伝わる骨太なテーマができていれば、成約率は確実に上がります。

このことに気づいたのは、失敗した経験があるからです。僕自身は妄想家で、建物を見ると、その中でどんなシーンが起きうるのかシチュエーションをバーッと想像し、プランはこれで、こんな建材を使って、こんな場所にしようと、実現まで一気に突き進んでしまうところがあります。だから決定権が自分にある限りはそうそうブレないのですが、オーナーの意見を取り入れざるを得ない状況になって、テーマがブレて時間がかかり、営業も上手くいかず、決定率が落ちたという苦い経験もあります。また不動産開発の場合、マスを求めて無難なコンセプトに陥りがちですが、僕らのビジネスの場合は1棟あたり多くても数十戸。その数だけファンが付くはっきりしたコンセプトさえあれば大丈夫なのです。

提案書の隅々までテーマを反映させる

アートアンドクラフトの「不動産コンサルティング」では、オーナーさんに向けて既存の不動産を多角的に分析し、改修の方針や費用、用途、収益性、募集内容などを検討し、提案書にまとめます。事例としてFRANCE bldg.（フランスビル）という事務所ビルを企画した際の提案書を上げてみます。この提案書は、企画から設計・施工、売却や募集まで、不動産リノベーションのすべてのプロセスを網羅した内容になっています。

一般的な提案書の構成は以下のような流れとなっています。

⑴分析（エリア）

立地を分析します。たとえばオフィスが多いのか、住宅が多いのか。どんな事務所、どんな住み手に需要があるのか。それぞれの家賃相場はどのくらいなのかを調査します。難波エリアにアクセスがいいエリアなら民泊も成り立つとか、中崎町や堀江は商業地として成り立っているから住宅以外の用途も考えられるとか、僕らの場合、大阪市内に関しては肌感覚の評価を加えることもあります。

⑵分析（建物）

建物の魅力を分析します。建物の躯体や設備の状態。意匠的な魅力とマイナス要因。用途変更や平面計画の変更への融通性はどうかなど、多角的に評価します。建物のどこがかわいらしいかといった感覚的な魅力まで分析するのは、アートアンドクラフトならではの特徴です。一方で構造的な安全性については不安に思っている方も多いので、現地調査の上、建物の現状をしっかり説明するようにしています。

⑶改修案

簡単な図面を描き、仕様や使い方を添え書きします。この段階の図面はあくまでラフ。ゾーニングに近いもので確定ではありません。使われ方や床、壁などの仕様を伝えるために、イメージ写真をつけます。イメージ写真には海外の事例も使いますが、多くを自社の事例でまかなえるところは、実績に支えられた強みです。この段階ですでに賃料を想定しておき、「家賃は〇万円だから、豪勢な仕様は意味がない」などと仕様は賃料から逆算して考えます。

⑷コスト

「床」「電気関係」「水回り」などエリアや工事区分ごとに、工事費の概算コストを示します。工事管理にかかる諸経費や、設計企画・監理料も示します。コストは賃料設定と、何年で投資を回収するのか、という点から算出します。社内では、6年で回収することを大まかな目安にしています。

(5)スケジュール

設計監理から工事、募集のスケジュールを示します。契約や、費用をお支払いいただくタイミングも合わせて示します。

(6)募集

大阪R不動産を使った募集の方法と、賃借人募集業務委託報酬、想定賃料をまとめます。ここで投資を何年で回収できるかも示します。

設計力と販売力——設計事務所兼不動産会社の強み

このように提案書には、工事費や家賃などの金額や、工事や募集などにかかるスケジュールまで盛り込んでいます。これができるのは、企画から募集まで、ワンストップでできる組織だからです。アートアンドクラフトに個人住宅のリノベーションで培った設計技術があることに加え、「大阪R不動産」の運営を通じてユーザーのニーズを的確に捉えているので、提案書でも(1)分析や(6)募集で説得力のある数字を出せるのです。特に家賃まで正確に出せるのは、「大阪R不動産」を運営しているからこその強みだと思います。

金額については、突発的なことで追加費用がかかることをふまえ、予備費も取ってあります。その上で実際のプロジェクトが、提案した金額やスケジュールから外れないことを約束します。そのかわりにこの段階でリノベーションの方針を示し、理解してもらいます。そして設計の詳細は、こちらにほぼ任せてもらうようにしています。

エリア分析 —— FRANCE bldg.

堀江エリアはヒト・モノ・カネが集積する街。当該物件は現況事務所ビルですが、事務所以外にも店舗や住居としても需要は望めます。**事務所、店舗**の成約事例は 6,000-12,000 円 / 坪、平均値、中央値は共に**約 8,000 円 / 坪**です。
住居の成約事例は 5,000-12,000 円 / 坪、平均値、中央値は共に上記と同様**約 8,000 円 / 坪**です。

【用途検証】 ⇒現状のまま ⇑上がる ⇓下がる

	事務所	店舗	SOHO	住宅
ニーズ	○	○	○	○
コスト	⇒	⇒	⇑	⇑
賃料	⇒	⇒	⇒	⇒
投資回収率	⇒	⇒	⇓	⇓
建築確認	不要	不要	要＊1	要＊1

＊1：建物全体で不特定多数が出入りする区画（店舗）共同住宅部分が100m²を超えてしまうと、特殊建築物への用途転用として建築確認が必要となります。

投資回収率を鑑みて、**事務所または店舗**として利用を想定した商品企画がベストだと考えます。また、過剰投資を控え、**相場並み賃料に戻し、不動産の回転率をあげること**を目標とします。

Arts&Crafts

一般的な提案書の例（FRANCE bldg.の場合）

建物分析 ―― FRANCE bldg.

○**【全体】**
1991年築と築浅で適切にメンテナンスを行えばまだまだ**不動産としての寿命は長い**です。

△**【外観】**
過度な装飾がなく、好き嫌いが分かれない外観です。
90年代の建築に見られる、鏡面仕上げの銘板やドアなど**エントランス周りをセンスアップ**するだけで物件の印象は十分上がります。

×**【フロア】**
貸室部分、EV、水回りの配置によって複数の区画に割ることは困難。
1フロア1区画というメリットを活かしきれていません。

△**【鉄骨造】**
構造梁（H鋼）や床スラブ裏面（QLデッキ材）を露出させることでユーザー受けのする**キャッチーなインテリア空間**がつくりやすいです。
鉄筋コンクリート（RC）造と比較すると上下階の遮音性能は多少落ちますがデザイン性を優先するユーザーなら理解や納得が得られることが実績上は多いです。

Arts&Crafts

一般的な提案書の例（FRANCE bldg.の場合）

方針 —— FRANCE bldg.

1）**建築確認の対象とならない**範囲の改修工事とします。

2）投資効率を見極め、エントランス部分はセンスアップし、貸室部分は**原状回復+α**で投資を抑えた事務所or店舗区画とします。

3）**大掛かりな工事を避け**、現状を活かした空間を目指します。

4）区画はそのままとし、**1フロア1区画のメリット**を強調します。

→ **投資効率の最適化**（1）〜4））

5）一過性のデザインではなく、**普遍的で長期に渡って相場並み賃料を維持**できる商品を目指します。

6）借主を選ばない（店舗or事務所）**汎用性**のあるプレーンな空間を目指します。

→ **空室リスクの低減**
長寿命な商品（5）〜6））

Arts&Crafts

一般的な提案書の例（FRANCE bldg.の場合）

改修案（貸室）—— FRANCE bldg.

【リノベーション計画＝問題解決】

・全体的に清潔感が不足→**原状回復＋センスアップ**

・ミニキッチン→**キッチン入れ替え**

・無個性で埋没してしまっているインテリア空間
→**鉄骨造を活かす（モルタル床＋一部天井躯体現し）**

・1フロア1区画のメリットを活かしきれていない
→**EVホールと貸室内の床素材を**合わせ一体感を醸成

・一カ所にまとまったトイレ→**男女別or従業員&来客用に区別する**

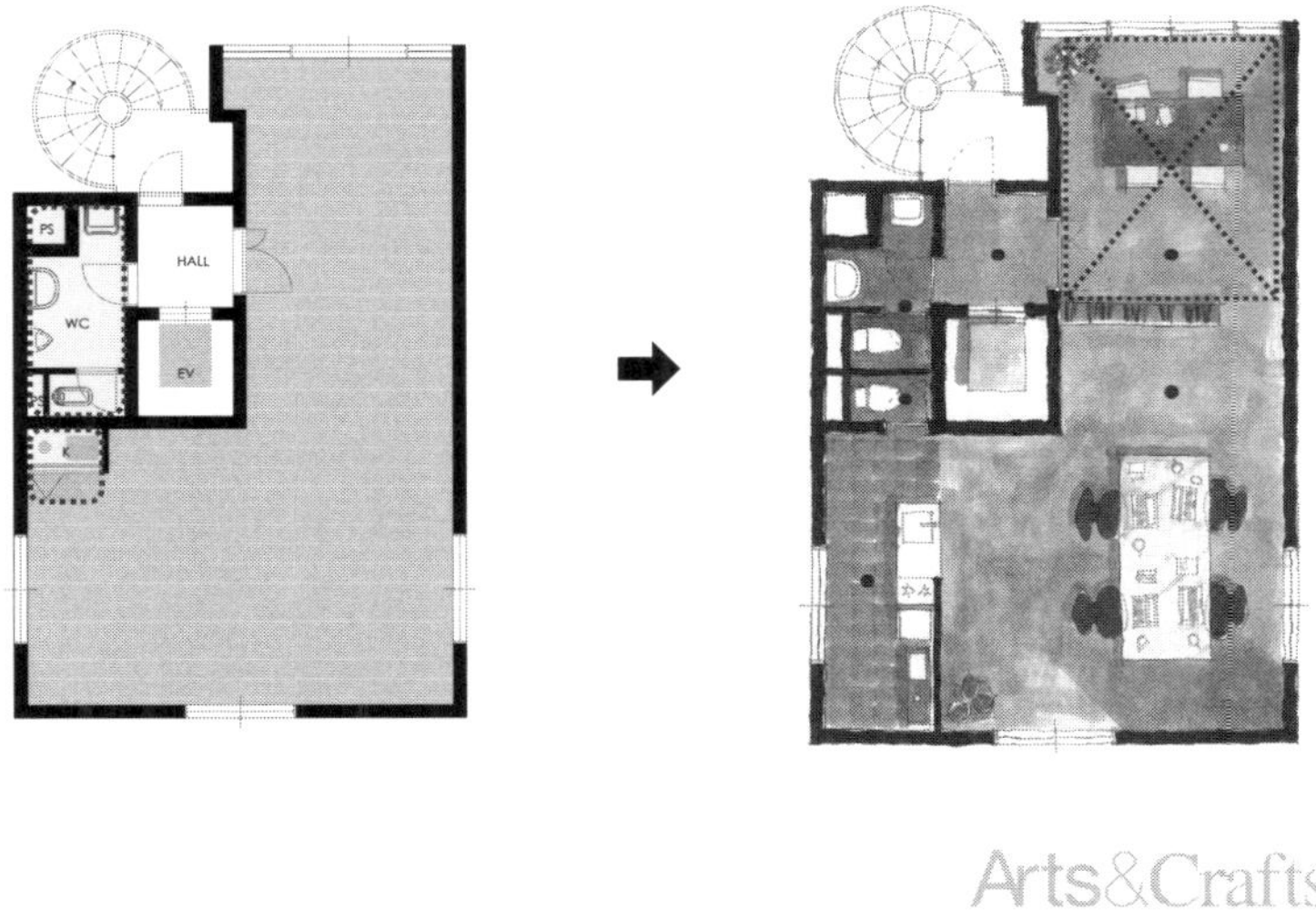

Arts&Crafts

一般的な提案書の例（FRANCE bldg.の場合）

コスト（概算）—— FRANCE bldg.

【テナント区画】※1フロアあたり、EVホール含む

・天井、壁（クロス貼り替え＋一部天井躯体現し）	→	**600,000円**・・・①
・床（タイルカーペットorモルタルクリア塗装）	→	**700,000円**・・・②
・電気関係（既存再利用）	→	**150,000円**・・・③
・造作キッチン（新規製作）	→	**450,000円**・・・④
・水回り（トイレ新設＋入れ替え＋センスアップ＋排水処理）	→	**1,400,000円**・・・⑤
工事計（①＋②＋③＋④＋⑤）	≒	**3,300,000円**・・・⑥

【エントランス】

・アプローチ、ホール床面（センスアップ）	→	**400,000円**・・・⑦
・銘板・サイン・ポスト（新設）	→	**300,000円**・・・⑧
・外構・植栽（センスアップ）	→	**400,000円**・・・⑨
・扉、庇　（既存再利用、ヘアライン磨き）	→	**100,000円**・・・⑩
（新設）	→	**300,000円**・・・⑪
工事計（⑦＋⑧＋⑨＋⑩or⑪）	≒	**1,200,000円~1,400,000円**・・・⑫

工事計（⑥×2＋⑫）・・・⑬	≒	**8,000,000円**・・・⑭
諸経費　（工事費の5%）	→	**400,000円**・・・⑮
設計企画・監理料　（工事費の10%）	→	**800,000円**・・・⑯

合計計画費用（⑭＋⑮＋⑯） → **9,200,000円＋税8%**

Arts&Crafts

一般的な提案書の例（FRANCE bldg.の場合）

スケジュール —— FRANCE bldg.

設計監理、工事スケジュール

・7月3週目　プレゼンテーション→ 合意いただけたら**申込**
・7月4週目　現況調査+整理
・8月2週目　具体設計内容を提案→ 合意いただけたら**実施設計開始**
・10月2週目　正式見積提示→ 合意いただけたら**請負契約**

・11月1週目　工事着工
・1月3週目　竣工・引渡
工期約2.5ヶ月

募集業務委託スケジュール

・12月　賃貸条件確定（募集業務委託書にて募集業務申込）
・1月　『大阪R不動産』等で賃借人募集開始

募集

賃借人募集業務委託について

不動産のセレクトショップ『大阪R不動産』を使った賃借人募集
www.realosakaestate.jp

・1日平均約1,000人のユーザーが訪問、ページビュー数は平均約6,000
・サイト閲覧者の多くは建築、デザイン、IT、アパレル、飲食関係など高感度で発信力のある人が多い
・コラムと写真で、記事を読むような感覚で物件探しが愉しめる

想定賃料

・2F（約50m²、15坪）/12万円（共益費込、坪単価8,000円）
・3F（約50m²、15坪）/12万円（共益費込、坪単価8,000円）
→満室時の月間収入：24万円
＝満室時の年間収入：**280万円**
約**3.3**年で投資回収　※公租公課負担等除く

Arts&Crafts

一般的な提案書の例（FRANCE bldg.の場合）

収益物件を扱う場合オーナーとは、基本的には投資とリターンの金額で合意を取るので、個人住宅のように、金物1つひとつの合意を取っていくような細かい打ち合わせはしない場合がほとんどです。設計に関わる打ち合わせは極端な話、提案書と、実施設計が終わった後と、2回に絞っても大丈夫だと思っています。

③ 見極め術〈住宅編〉① ――引き継いだ不動産の見極め方

不動産も、オーナーも、高齢化している

不動産コンサルティングの話が持ち込まれるのは、個人オーナーの場合は相続で所有者が代替わりした後のタイミングが主です。ところが日本人の寿命が延びるに従って相続のタイミングが遅くなっており、引き継いだ時には新しいオーナーももう60代というケースも増えています。

オーナーの高齢化は、不動産の質に悪影響を及ぼすことがあります。引き継いだ時点では、老朽化したまま放置されていて空き室だらけなど、問題を抱えている場合がほとんどです。本来は早い段階で、次世代に不動産を任せた方がよいのですが、多くのオーナーはそれができません。年金の足しにしたいとか、これを手放したら子どもたちが家に来てくれなくなるんじゃないかとか、さまざまな事情や思いがあるので、オーナーは自身が亡くなるまで世代交代をしないことが多いのです。

オーナーが任せている管理会社に問題がある場合もあります。オーナーが高齢だと、管理会社が実質的なオーナーのように振る舞っている場合もあります。中には管理やメンテナンスの費用などを高めに設定して、外注先からキックバックを受け取ったりするところもあるようです。悪意のない管理会社であっても、一定のお金が入

ればそれで満足というオーナーの元では知恵を使わなくなってしまいます。たとえば古びた長屋やオフィスビルを今の時代の需要に合わせて大規模な改修やコンバージョンをしようなどとはまず考えません。

だから引き継いだ時点で不動産の状態は悪く、不動産の〝負のスパイラル〟に陥っていることも多いです。負のスパイラルとは、こういうことです。物件にあまり手をかけないでいると、空室率が高くなります。そうなると建物を埋めるために家賃を下げます。家賃が下がると今度は改修するお金がなくなって、さらに手をかけられなくなってさらに家賃が下がるというように、どんどん悪い状況へと転がっていきます。そうなると最後は持っていても意味がないので、売るか解体するか、という状況になってしまいます。

どんな不動産も、知恵と工夫次第で化ける

そんな状態の不動産こそ、プロによる見極めが重要です。アートアンドクラフトにご相談いただく方は、親から早く任せてもらった、あるいはご両親が早く亡くなったという比較的若い方が多いです。それでも当初ほとんどの方は、何をどうしたらいいのかわからないとおっしゃいます。そもそも彼らは引き継いだ不動産を、自らの意志で選んではいません。不動産を自ら取得し、活用しようという人は、収益性などをよく考えて物件を選びます。でも、相続する不動産は選べません。親を選べないのと同じで、自分の意志とは関係なく与えられた条件の下でどうにかしないとなりません。

でも状態があまりよくない不動産にも、意外な魅力が隠されていることが多いのです。一見ネガティブにも見える既存の建物のクセは、リノベーションでいい方向に化けることが往々にしてあります。たとえばアートアンドクラフトが企画から運営まで手がけている宿泊施設「HOSTEL 64 Osaka」の場合は社宅を宿にコンバージョ

ンしたので、２０１０年開業の新しいホテルなのに畳に布団の和室があり、それが外国からの宿泊客に喜ばれています。新築ならすべてベッドルームにしたと思います。和室もセールスポイントになると見極めたことが、リノベーションコストの抑制と施設の魅力の向上につながったのです。

しかしオーナーの多くは所有物件を客観視できません。この建物は古くてボロボロだから、若い人には受け入れられないだろう、などと思い込んでいたりします。それを僕らがコンサルティングして、この建物の客観的な価値はこうですよ、世の中の不動産と比較して強みはここ、弱点はここですよと伝えていくのです。

概念的な説明では不動産コンサルティングのイメージは伝わりにくいと思いますので、ここからは事例をまじえ、不動産をどう見極め、どう活用していくのかを説明していきたいと思います。

見極め事例①住宅：池田の長屋

「長屋は憧れ」の若い世代に訴え、賃料を3倍に

「池田の長屋」は２００１年に相談のあった物件です。オーナーは一帯の地主で、当時50歳くらい。会社勤めの傍ら不動産を管理していました。阪急池田駅から徒歩圏にある長屋群11区画のうち、空き住戸になっていた２区画をまずは再生したいということでした。普通なら、壊してマンションに建て替えるところです。駅が近いし、まとめて開発すればかなり大規模なマンションができるからです。でもオーナーには不動産の活用を通じて池田の街をよくしたい、特にこの長屋は子どもの頃に遊んでいた場所で愛着があるから壊したくない、という思いがありました。建設会社などから建て替えの企画がいろいろと持ち込まれても、ガンとして首を縦に振らなかったそうです。

相談をいただいてからすぐに我々は活用案をつくりました。外観やプランはあまり変えずに長屋ならではのよ

さを生かすことにして、水回りが汚いのは誰もが嫌なので、そこだけは改める方針としました。しかしオーナーは慎重で、古い長屋が若い人に受け入れてもらえるのか、本当に池田に住んでくれる人がいるのかと半信半疑でした。そこでアートアンドクラフトの会員と呼ばれる、住まいづくりに関する情報をこちらから送っている方々に連絡し、見学会を開催しました。知人の教え子の建築学生にも来てもらいました。そこでオーナーも僕らも「和の空間がかっこいい」「土間はある方がうれしい」「でも和式の便器はちょっとつらい」といった若い方の生の声を聞き、「長屋に住んだことがない若い方ほど、長屋に魅力を感じる」という確信を得ることができました。

街をよくしたいなら、それなりの投資をしてしっかり改修し、20年くらい持たせましょうと、瓦の葺き替えもしました。改修前は約１００㎡の物件を３万円ほどの賃料で貸していたのですが、

2001年に相談を受けてリノベーションした「池田の長屋」。この頃には長屋住まいが若い世代の憧れになり始めていた

改修後は10万8000円~11万円になりました。このときターゲットとして想定していたのは若いカップルです。人生のうち一度は、こんな個性的なところに住んでもいいかなと、興味を持ってくれる方は確実にいると思いました。家賃は周辺の3LDKほどのマンションと比べながら決めました。反響はとてもよくて、それまで池田以外のエリアに住んでいた20~30代の若い方が入居してくれました。

今でこそ長屋再生は一般化していますが、当時は長屋再生という言葉も広まっていなかったので、大学の先生や設計事務所、デベロッパーなど専門家もたくさん見学に来てくれました。

最初の計画がうまく行ったので、それから空きが出るたびにアートアンドクラフトが改修を手がけ、合計5区画ほどやりました。長屋の魅力をしっかりと見極め、オーナーに理解いただいたことが、継続的な不動産経営につながったのです。

「池田の長屋」土間を残したキッチン。反響が大きく、この後、残りのうち5区画ほど続けて改修した

見極め事例②住宅：片山町の住宅

「普通の住宅」を最小限の改修で賃貸物件に

「池田の長屋」のように特定の層に響く特徴がある場合は、リノベーションで価値が上がるのはわかります。でも、そのようなわかりやすい特徴がない物件を相続した場合はどうすればいいのでしょうか？　そんな疑問を抱く方のために、小規模な住宅を相続し、リノベーションして賃貸物件に変えた事例を紹介します。

「片山町の住宅」は、床面積69㎡の住宅を工事費３００万円ほどで改修し、家賃７万８０００円の賃貸住宅とした事例です。

こちらも親から住宅を相続された方から相談を受けました。古い住宅ですが、その古さが価値になりえるような、わかりやすい特徴はありません。立地も郊外で、駅からは近いですが超人気エリアというわけではありません。

ハイスペックな改修を加えたとしても高額な賃料が期待できる条件ではなかったので、改修する範囲を限定することで改修費を抑え、手頃な賃料で貸す方針としました。想定した住み手像は20～30代後半のカップルです。あえてターゲットは絞らず、奇をてらった企画にはせずに、シンプルで暮らしやすい住まいになるように設計しました。

「片山町の住宅」ごく普通の住宅を賃貸物件にリノベーション

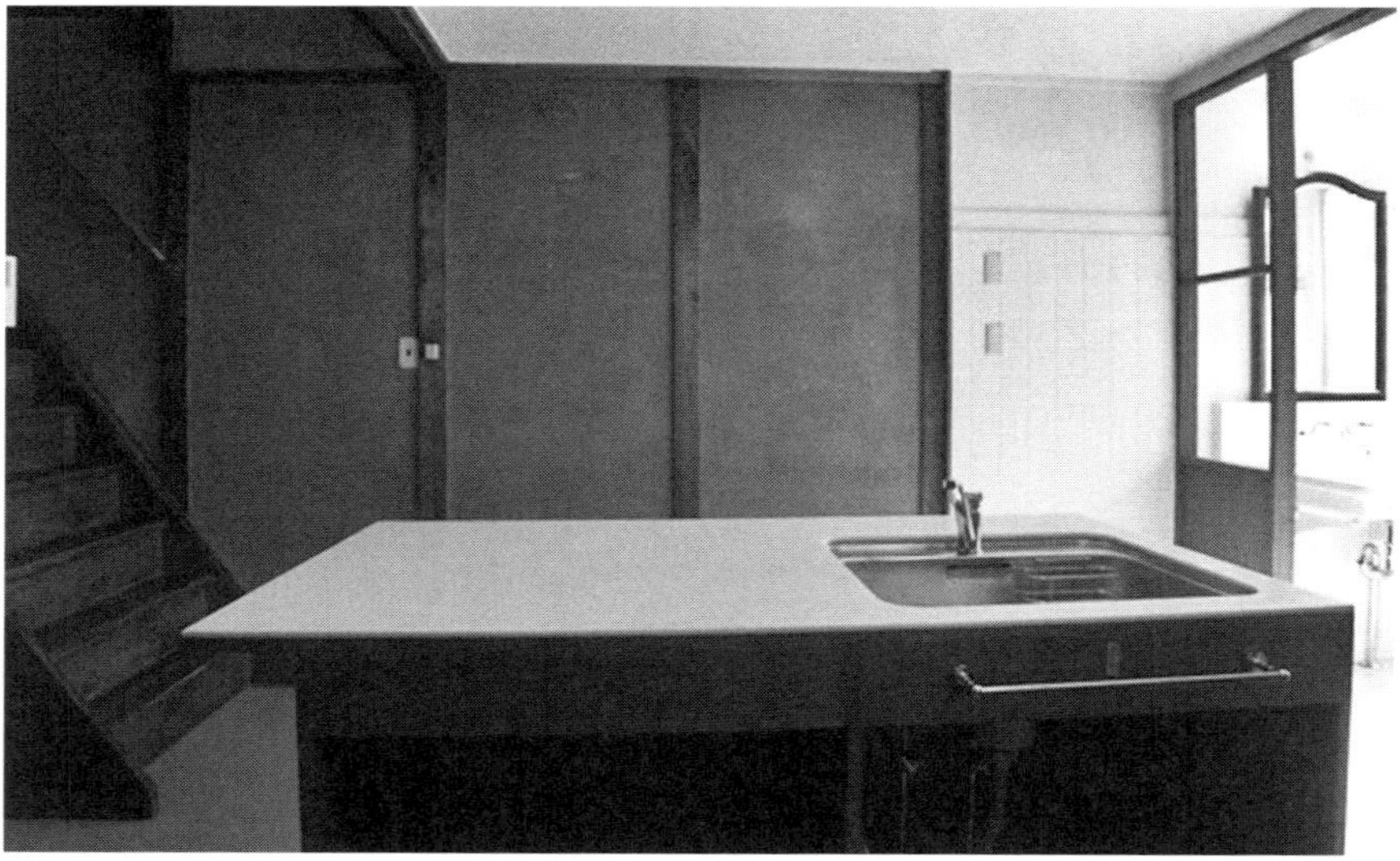

延床面積：69m^2	構造：木造2階建	建築年：不詳

「片山町の住宅」間仕切りをガラスにして光を取り入れたキッチン（上）と一番の「売り」物干し台（下右）。デッキを張り替えた

ここは元漬物屋の作業場兼住宅で、かつて1階はほとんど土間だったようです。住宅に利用されるようになってからは床が張られていましたが、再生にあたって部分的に土間を復活させました。奥行きのある建物で中心にあるキッチンまわりが暗かったので、間仕切りをガラスにして光が通るようにしました。継ぎ接ぎ状の改修が加えられ使いにくかった水回りは、整理整頓して一新しました。工事にあまりお金をかけられないので、内部には極力手を加えていません。新旧のコントラストも味になるはずと、壁や階段、建具などは元のままの部分も思い切って残しました。2階の和室も状態がよかったので、ほとんどそのままです。一方で、ここは一番の売りになるからとデッキを張り替えるなど手をかけたのが、下屋の屋根にあった物干し台でした。周囲が低層の住宅で、空が広く見晴らしがよかったのです。そこで物干しだけではなく、月見や天体観測にも使えるようにリノベーションしました。このように手を加える部分、残す部分を見極め、メリハリを大事にすることで、改修費を抑えることができました。

ここには、実際に若いカップルが入居されました。3年ちょっとの家賃で工事費を回収できるわけですから、利回りも悪くありません。「あの家もうすぐ相続するけど、住む予定もないし、どうしたらいいのかなあ」と考えている方にとっては参考になる、現実的な事例ではないでしょうか。

エリア分析 ―― 片山町の住宅

便利で落ち着いたベッドタウン

・駅から徒歩5分。大阪へ10分、京都へ30分、三ノ宮へ40分。近畿三都どこに行くにも便利

➡言うまでもなく、住宅地として便利なエリア。ターゲットを絞らなくても十分お客さん付けができる

・落ち着いた街並みと駅前の再開発エリアが共存、商店街が近く、街中暮らしをアピールできる

➡大阪R不動産と相性がいい

・個人住宅は多いが貸家は少ない

➡ライバルが少ない。お客さん付で有利

Arts&Crafts

「片山町の住宅」企画時の提案書

建物分析 ―― 片山町の住宅

○全体的には構造体に深刻な損傷等は見られない

建物の傾き、建具の開かない箇所、雨漏りの形跡が無い

➡内装のセンスアップ工事に予算をかけられる

△増築部分に床の軋み等がある

➡水回りの全部交換と合わせて床下地等も確認する必要がある

×古くて味のある建物というわけではない

庭が無くなっている、土間が無くなっている

➡個性を付加するリノベーションの工夫が必要

Arts&Crafts

「片山町の住宅」企画時の提案書

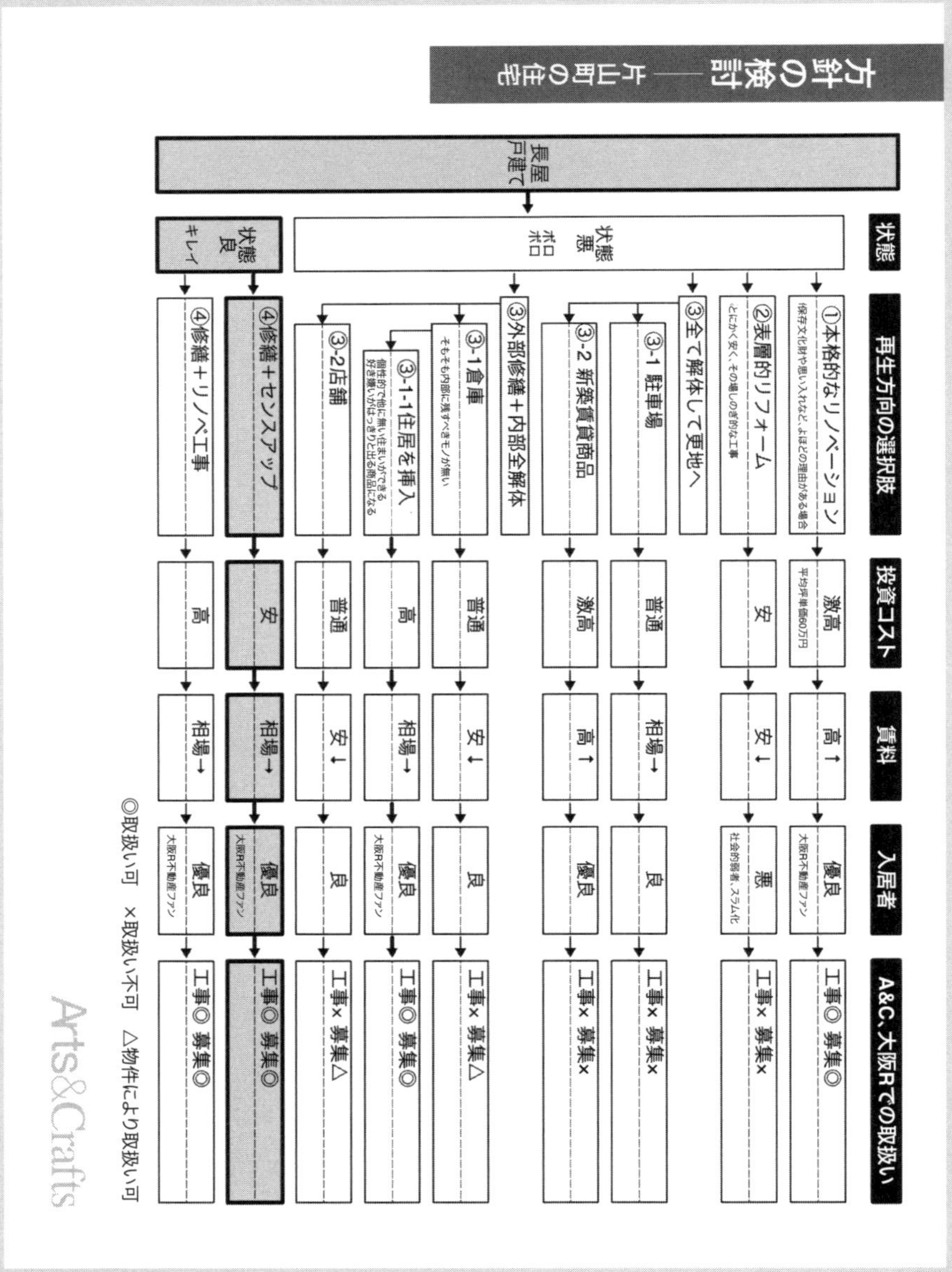

「片山町の住宅」企画時の提案書

コスト —— 片山町の住宅

概算見積書

・仮設、解体撤去工事　**400,000円**

養生、足場、解体撤去※ 残置物の撤去処分費は含んでいません

・電気、ガス、給排水工事、衛生機器　**950,000円**

キッチン、浴室、便器、洗面台等設備機器の交換

・バルコニー補強、センスアップ工事　**200,000円**

屋根、躯体、基礎等の部分損傷を想定

・内部改装工事　**1,650,000円**

大工、内装、左官等内部のリノベーション工事一式

・外構工事、美装工事その他雑工事　**300,000円**　※想定

・直接工事費計　3,500,000円

・諸経費　**175,000円**　直接工事費の約5%

・企画設計監理費　**367,500円**　企画、設計監理費

・計　4,042,500円

・消費税（8%）　**323,400円**

・総計　**4,365,900円**　**約440万円**

■延床面積約69.4m²、工事単価：20.96万円/坪

Arts&Crafts

「片山町の住宅」企画時の提案書

スケジュール —— 片山町の住宅

設計監理、工事スケジュール

・**5月**　**申込**
・6月上旬　簡易実測、現況図作成、現地調査→ 協議
・6月下旬　打合せ①　設計内容を提案→ 合意
・7月上旬　打合せ②　見積提示→ 請負契約
・7月下旬　工事着工
工期約2ヶ月
・10月上旬　引渡し、**入居可**

募集業務委託スケジュール

2014年
・7月　賃貸条件確定。
募集業務委託書にて募集業務申込
・9月中旬　『大阪R不動産』等で賃借人募集開始

募集

賃借人募集業務委託について

不動産のセレクトショップ『大阪R不動産』を使った賃借人募集

www.realosakaestate.jp

・1日平均1,000人の訪問者
・サイト閲覧者の多くは建築、デザイン、IT、アパレル、飲食関係など高感度で発信力ある人たちが多い
・コラムと写真で、記事を読むような感覚で物件探しが愉しめる

想定賃料

7.8万円
年間収入　**93.6万円**　**約4.7年で投資回収**

Arts&Crafts

「片山町の住宅」企画時の提案書

④ 見極め術〈住宅編〉② ——〝ふつうの戸建〟を収益物件に変えるには

戸建リノベ物件が増えている背景

アートアンドクラフトでは最近、個人住宅のリノベーションの中でも戸建に関する依頼が増えています。リノベーション業界というのは都市部では、マンションに関する相談が中心となるものですが、うちの場合は戸建の割合が件数にして3割を超えています。背景はやはり、相続の機会が増えているからでしょう。

最近は土地に執着がない人が増えてきているので、手放して老後の資金にしようと考える方も多いです。ただし戸建は手入れに手間がかかる、階段や段差が多いといった理由から、もはや多くの人にとっては住みにくい形式です。したがってその建物を誰かに貸そうという発想には、なかなか至らないようです。

住み続けるのか、売却するのか、売らずに賃貸に出すのか。子どもにとっては、親の面倒をこれからどう見るのかという課題にも絡んでくる話です。一体どの方法が正解なのでしょうか。

子どものいる家庭におすすめしたい、親のヤドカリ

戸建住宅がどんな風に活用できるのか、考えてみましょう。たとえば部屋数の多い戸建はいかがでしょう。世帯人数の減少などからニーズは減っていますが、立地次第では、シェアハウスにできる場合があります。続いて駅から遠い物件はどうでしょうか。車通勤している人を、ターゲットにできるかもしれません。また駅から遠いと同じ家賃でそれだけ広い家が借りられるので、広さを望んでいる人もターゲットになります。

リノベーションの方針を考える際には、工法もポイントになります。たとえば在来工法は、自由度が高いです。1階をガレージにするとか、店舗付き住宅にするとか、いろんなものに転用できます。中古物件をリノベーションして収益物件にする場合、ニッチな層狙いでターゲットを絞っても、意外といけるものです。ターゲットの母数は確かに減りますが、決定率は上がるからです。

他人に貸して家賃収入を得るのではなく、親族間で運用していく方法もあります。たとえば僕が「親のヤドカリ」と呼んでいる、おすすめの方法があります。いま戸建に住みたいと思っているのは、子どものいる30代くらいの家庭です。彼らはあまりお金を持っておらず、家を買えないことが多いです。では彼らの実家はいかがでしょうか。それなりに住みやすい立地にあり、かつ親世代にとっては不便な住まいになりつつありませんか？　そこで住人をスイッチさせ、子世代がその家に暮らし、親が近くの賃貸マンションなどに引っ越すのです。

これは実際の子どもが暮らすパターンですが、子どもがそこに住まない場合でも「30代くらいで子どものいる家庭」をターゲットにリノベーションして貸すことも考えられます。そこで上げた収益は老後の資金にまわすことができます。これから増えるであろう、戸建空き家解消の解決策にもなるのではないでしょうか。

「2億」の投資を簡単にできるか？

一方で高齢のオーナーに忍び寄るのが、新築のビルやマンションを建てて家賃収入を得て、老後の資金にしましょうという建設会社や銀行からの誘惑です。所有している住まいやビルの活用法を建設会社や銀行に相談すると、多くの場合は建て替えを提案されます。建設会社にとっては建設費が、銀行にとっては借り入れ資金が高額で利ざやが大きいからです。この手の収益物件は建設費だけで2億かかることもざらにあります。初期投資2億のビジネスって、かなりの規模ですよね。でも土地を持っている方はビジネスと考えずに、気軽に手を染めてしまう人が多いのです。営業マンが凄腕だと、「相続税も安くなるし、家族に財産を残すためにもやっておいた方がいいですよ」などと囁かれ、毎月のお金の出入りの話だけしかされていないのに簡単に説得させられてしまうこともあるようです。しかし「サブリース で家賃30年保証」みたいな謳い文句なのに、契約書をよく読むと、業者が家賃の減額や保証契約を解除できるよう特約を書いていることもあります。

そもそも冷静に考えると、60歳、70歳で2億のビジネスを始めますか？ なかなかしないですよね。仮に10年後オーナーが亡くなったら借金もろとも次世代が抱えることになります。昔はインフレがすごかったので投資効率がよかったのですが、今はデフレなので、新築の不動産投資は難しいのです。土地の値段が右肩上がりだった頃は大金を借りることがそこまでリスクになりませんでしたが、最近は借金を抱える怖さが明るみになっています。営業マンの甘い言葉の裏側にあるリスクも、インターネットで調べればすぐにわかります。もしやるなら、オーナー自らしっかり勉強して取り組んでほしいと思います。

上級者向けの物件

ところで不動産の中には、リノベーションをしにくい条件の物件もあります。ここは不動産を購入して収益物件とする不動産投資を想定した話になりますが、いくつかのパターンを紹介します。

・借地権の物件

土地の権利が「借地権」となっている物件です。建て替えたり、大幅な改築をしたりするには地主の承諾が必要です。借地権物件を投資目的で買う人は、かなりの上級者です。ローンが組みにくく、地主との関係や、借地権の存続期間が物件を購入する直前までわからないことが多いからです。メリットは安いことです。僕らが沖縄で自社運営している宿泊施設「SPICE MOTEL OKINAWA」も借地です。土地を所有せず投資額を抑えられるので、僕らにとっては都合がよかったのです。

・再建築不可物件

路地奥などにあり、接道していない、もしくは接している道路が幅員2m未満の物件です。建て替えられないので相場より安く買えるのですが、耐用年数がわからないことがリスクになります。ローンも通りにくいです。

・既存不適格の物件

建てられた後に法改正が行われ、現在の法律に合わなくなっている物件。容積率が変わったために現行の基準では容積率オーバー、高さ制限が後からできて背が高すぎる、といった物件です。大規模修繕や用途変更などを行う場合は遡及適用しなくてはならないので、費用がかかったり床面積を減らさざるをえなくなったりします。

こうした条件の物件は取得金額が安い分、早く投資の回収ができるので、狙って買う方もいます。しかし上記のようなリスクがあるので、いつまで使い続けるのかをあらかじめ決めて、そこから決めた投資額の範囲で改修をするなど、慎重かつ計画的に扱うことをおすすめします。

見極め事例③住宅：クラフトハウス福島区聖天通

上級者テクニックで切り抜けた戸建リノベーション

「クラフトハウス福島区聖天通」は2012年に、アートアンドクラフトが床面積95・21㎡の2階建の木造住宅を買い取って、全面的にリノベーションし販売した物件です。商店街の近くで利便性が高い反面、密集地にあるので建て替えがしにくい物件でした。

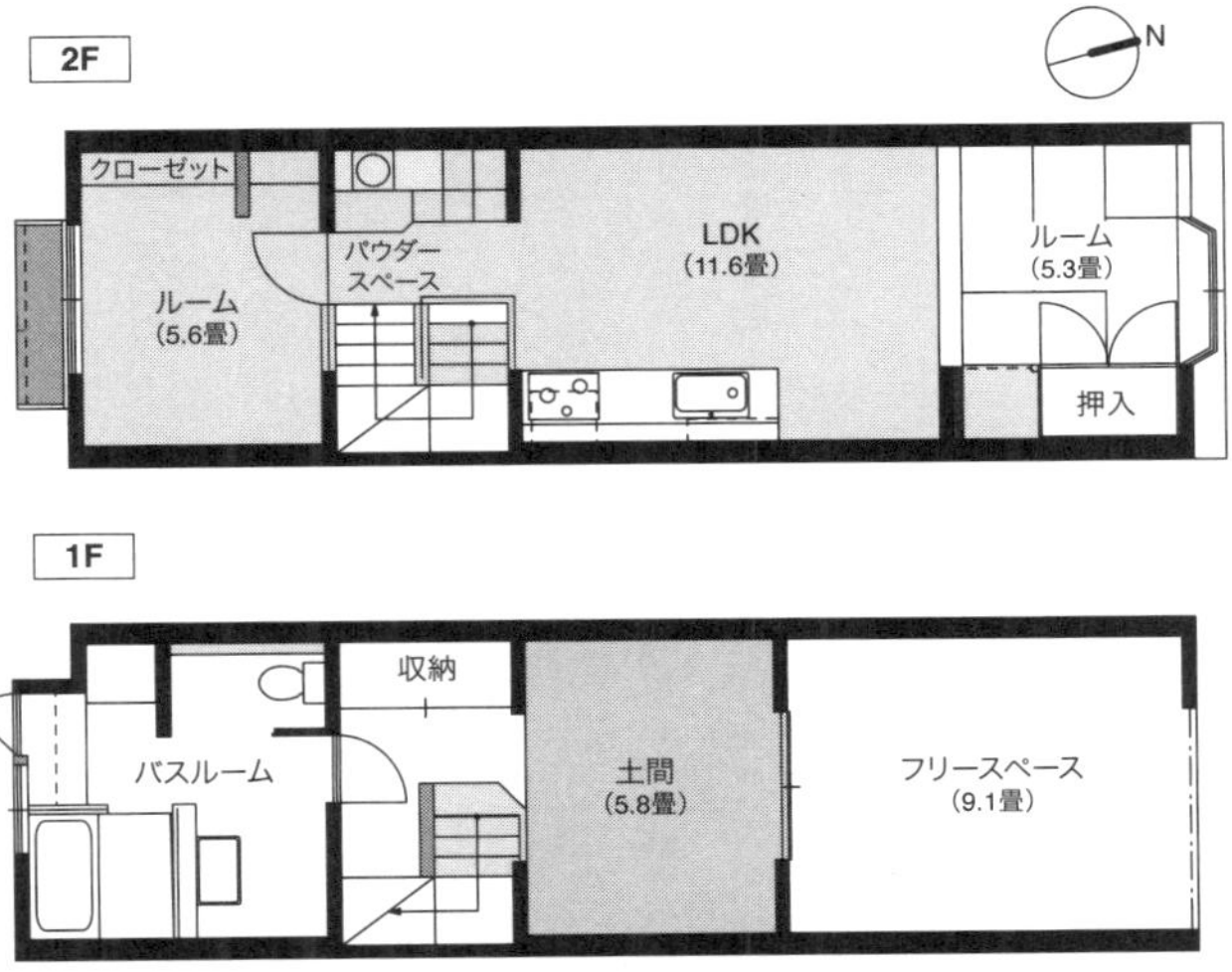

延床面積：80.72m^2	構造：木造2階建	建築年：不詳

「クラフトハウス福島区聖天通」1階フリースペース（左：改修後）。基礎を打ち直し、柱、梁を増設、耐震壁で補強した（右：工事中）。躯体の状態によっては予想以上に工事費がかかることがある

ここは買ってから躯体に問題があることがわかりました。柱梁や外壁、屋根の状態は悪くなかったのですが基礎がレンガ積で、安全な状態で売りに出すためには、基礎をやり替える必要がありました。そこで基礎をやり替えた上、柱、梁を増設し、耐震壁で補強しました。使える技術を駆使してなんとかリノベーションして、無事売却しましたが、工事費は予想以上にかかりました。

木造の戸建は、投資目的で購入するには知識や経験がいる物件だと思います。このように、購入するまで躯体の状態などがわからないことが多いからです。

ちなみにリノベーションで構造をどこまで強化するかの判断は、難しいところです。お金さえかければどこまでも安全にできますが、収益面でいうと、そこまでやる意味があるのかどうかと迷いが生じます。アートアンドクラフトで常に念頭に置いているのは、既存の建物よりもマイナスにはしないということです。その上でお客さんに構造補強のランクとかかる工事や金額を一覧にしたメニューのようなものを説明して、どこまで構造に手を入れるかを判断してもらっています。

⑤ 見極め術〈集合住宅・ビル編〉――オーナーの心を動かす建物と街の魅力の見つけ方

オーナーが気づいていない、意外な魅力を発見する

アートアンドクラフトでは建物をよく観察し、オーナー自身が気づいていない魅力を発見することを意識しています。そしてリノベーションによって、その魅力を伸ばすようにします。たとえば「残っている壁のタイルに味がある」とか「カーブを描く窓枠がかわいらしく貴重だ」などと魅力的な部分を見つけ出し、この建物の個性

はこれなので、ここを生かしていきましょうと提案を進めていきます。

オーナーには、所有物件の魅力にあまり自信を持っていない方も多いです。しかしその建物が、本当はこんないいものを持っているんですよと伝えると、オーナーの気持ちが前向きに変わることもあります。

設計の段階でも「ここがとても素敵です、残しましょう」などと重ねて伝えていくと、オーナーも建物そのものの価値に誇りを持つようになります。そしていざリノベーションすると、借り手や訪れる人にも褒められて、さらに自信がつきます。他にも所有物件があればそれもリノベーションしてみようなどと、不動産を更新することにどんどん前向きになる方もいらっしゃいます。

見極め事例④住宅＋事務所：新桜川ビル

建物の魅力が、リノベーションの原動力になったビル

「新桜川ビル」は１９５８年、併存住宅（下層階に事務所・店舗を、上層階に賃貸住居を設けた都市住宅の形式）として建てられた地上4階建の建物です。２期に分けてリノベーションし、事務所、店舗、アトリエ兼住居から構成される複合施設としました。

ここは扇状の外観が個性的なモダニズム建築で、建物自体に力がありました。僕がこの建物と出会ったのは、15年ほど前に遡ります。関西大学の岡絵理子教授が大阪大学にいた頃、大阪の今でいうレトロアパートを網羅的に研究していました。岡さんは「研究だけで終わらせたくない。取り壊さずに活用されるようになってほしい」と考えていたので、リノベーション会社をやっている僕に声をかけてくれて、一緒に30軒ほどレトロアパートをめぐりました。その中に「新桜川ビル」が入っていました。

それから10年以上経った２０１５年、オーナーから問い合わせがありました。空室が多く修繕が必要だと感じ、

エリア・建物分析 ―― 新桜川ビル［2期工事］

扇状に広がる外観や、既成品の無い時代に細部までこだわってデザインされている内部。新桜川ビルのモダニズム建築としてのオーラは他のビルには無い独特の魅力を持っていると考えています。

空室の原因①周辺環境の変化

・市街地住宅として建築後、阪神高速道路の建設
・眺望・空気環境・騒音などの問題点から単純な住居としては人気が低迷

空室の原因②維持管理状態

・建物全体の定期修繕が行われておらず荒廃した印象
・維持管理状態や清潔感はユーザーにとって重要な要素

⇒共用部は１期工事にて改善済み

綺麗にリフォームした住戸（404号室）は空室のままの状態。
単純な住居としてリノベーション工事をするのは得策とは思えません。

Arts&Crafts

「新桜川ビル」企画時の提案書

再生の方針 —— 新桜川ビル［2期工事］

STEP1〔1期にて改善済み〕
新桜川ビルを本来のモダンな佇まいに戻す
⇒新桜川ビルを生かすも殺すも、外壁や1階エントランス、廊下、階段等、共用部の再生手法次第

STEP2
多数のこだわりの物販店、飲食店からなるテナントビルとして募集
⇒まずは2階6戸から（1期にて完了）
2期工事で3階、4階を改善する

STEP3
長い時間をかけ、なんば・桜川界隈一のブランドビル、ランドマークに育てる
⇒長患いを完治させるには長い闘病生活が必要

1期工事の結果、1・2階の店舗／事務所区画には飲食や物販店舗の他、写真スタジオ、デザイン事務所、鞄や靴の制作など多くのクリエイティブ層ユーザーからの反響があり、新桜川ビルの魅力に共感してくれています。

Arts&Crafts

「新桜川ビル」企画時の提案書

3・4階方針 —— 新桜川ビル［2期工事］

■用途：作業場はアトリエと住まいを兼ねられる物件

- 店舗利用は不可とします
- 3･4階の入居者が将来実店舗を構える際には1･2階の店舗区画への入居に繋がる循環を生み出します
- 将来的にはビル全体がクリエイティブ層で構成される、ブランド力のある建物を目指します
- 阪神高速による**騒音というデメリットを逆手に**とり、多少の作業音は許容できる物件に
- 左右上下階への配慮として**壁・床に防音工事**をします
- 住設備機器（浴室、便所、キッチン、配管類）を更新。**長期的に賃貸商品**として使える物件へ
- 2室工事を行い**1室はモデルルームとして**空けておき3室目以降の募集に使用することを提案します

＼桜川のランドマークとなるビルへ！／

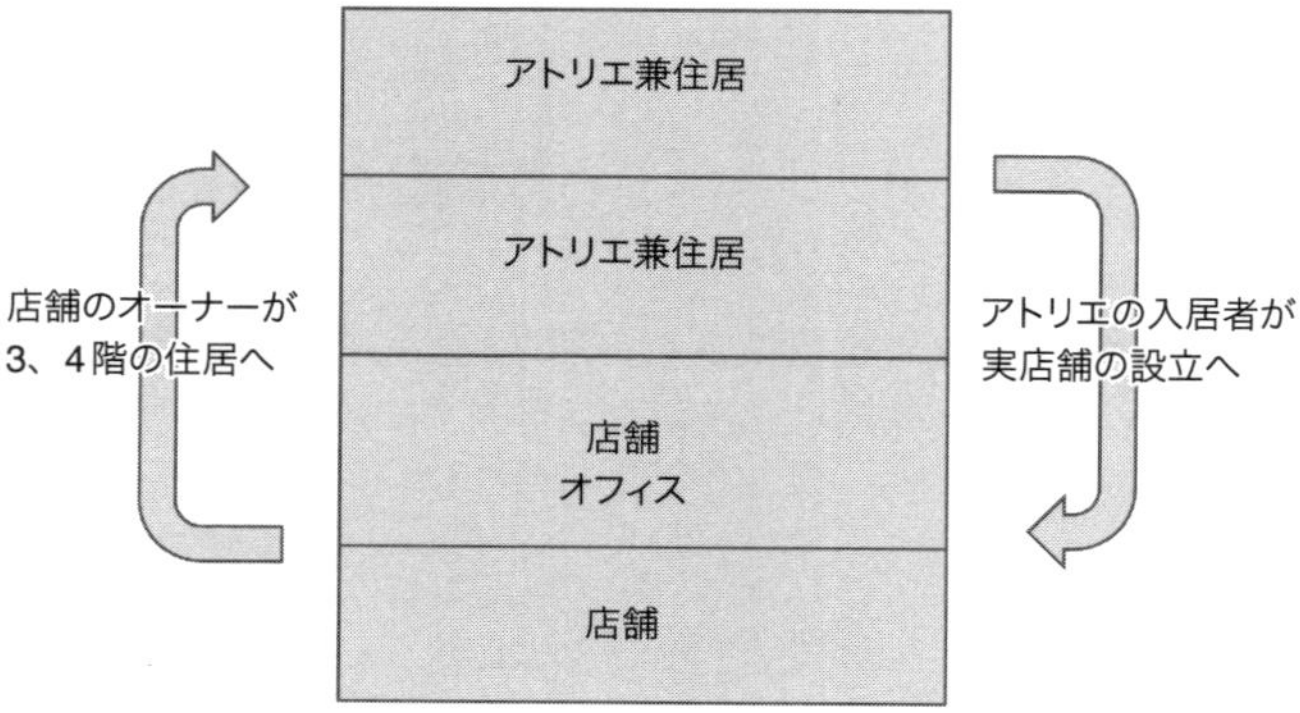

Arts&Crafts

「新桜川ビル」企画時の提案書

コスト —— 新桜川ビル［2期工事］

	403号室（10.8坪）	306（406）号室（11.9坪）	2室合計
リノベーション予算	400万円（税別）	400万円（税別）	800万円（税別）
想定賃料	67,000円	69,000円	136,000円
年間収入	804,000円	828,000円	1,632,000円
想定賃料で成約の場合の回収年数	4.98年	4.83年	4.9年

Arts&Crafts

「新桜川ビル」企画時の提案書

1期リノベーション

2期リノベーション

[工事後の用途：1階店舗、2階店舗＋事務所、3・4階共同住宅]

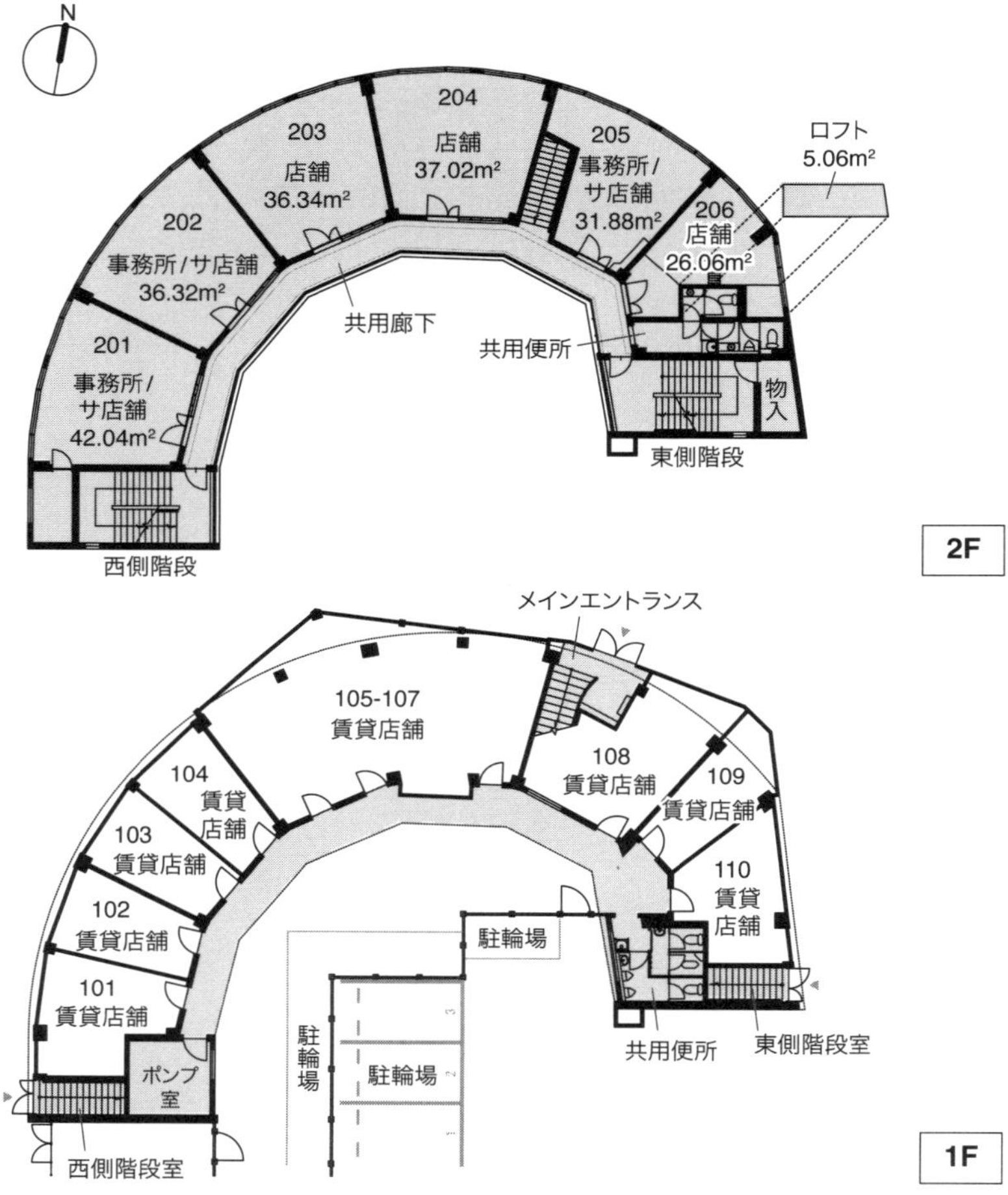

延床面積：1128.57m²	構造：鉄骨鉄筋コンクリート造4階建	建築年：1958年

「新桜川ビル」平面図。1期目に2階店舗・事務所部分と共用部、2期目に3、4階住居部分を改修した

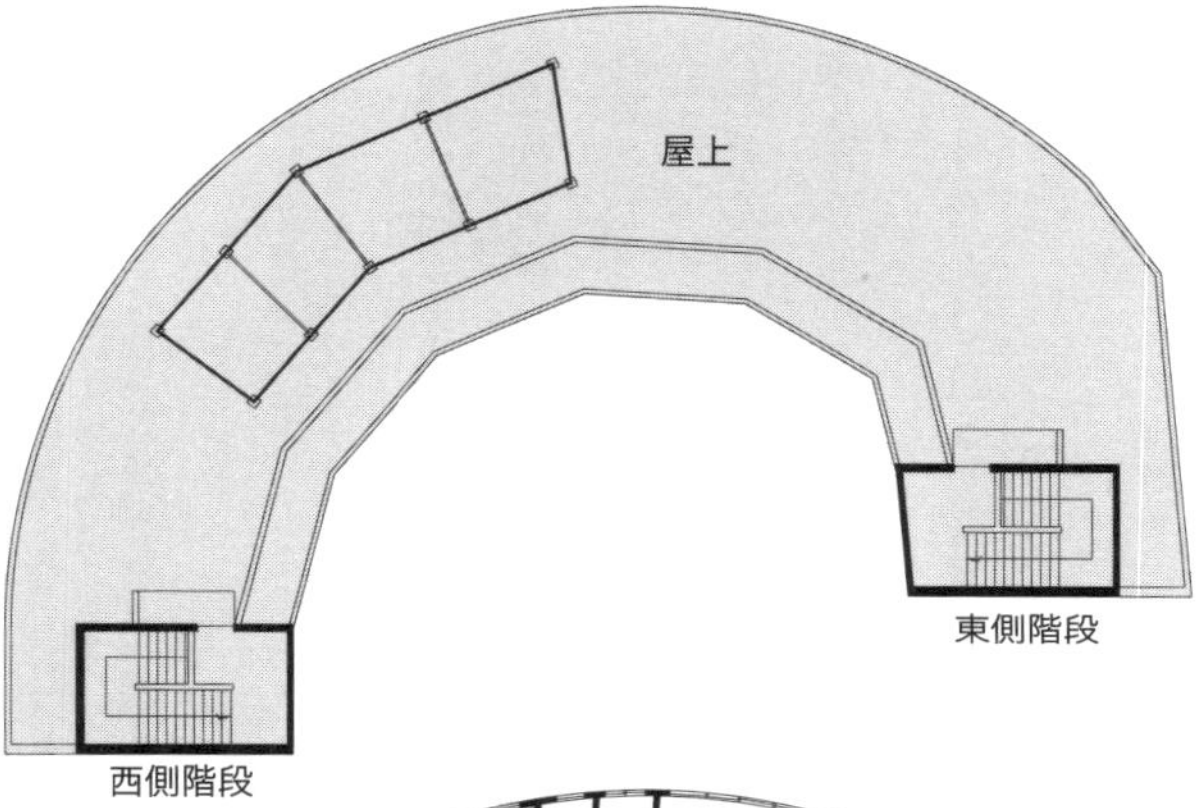
屋上
東側階段
西側階段

RF

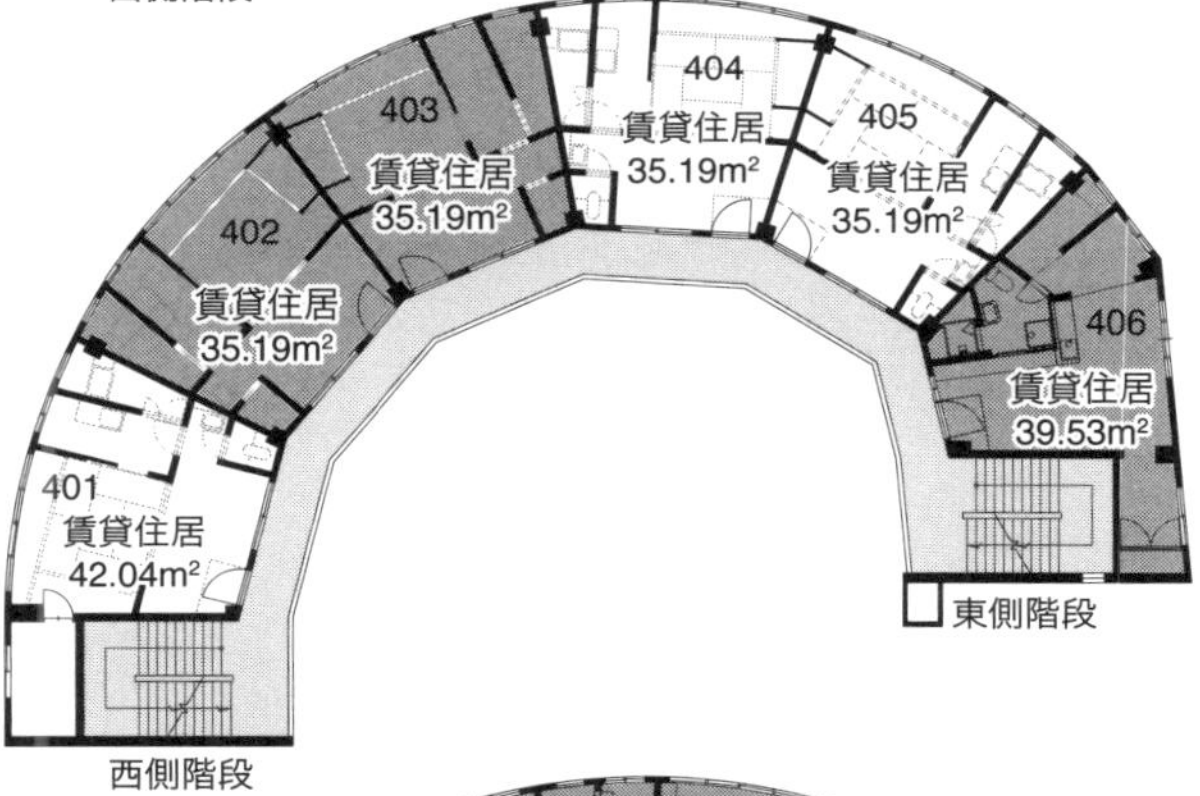
401
賃貸住居
42.04m²
402
賃貸住居
35.19m²
403
賃貸住居
35.19m²
404
賃貸住居
35.19m²
405
賃貸住居
35.19m²
406
賃貸住居
39.53m²
東側階段
西側階段

4F

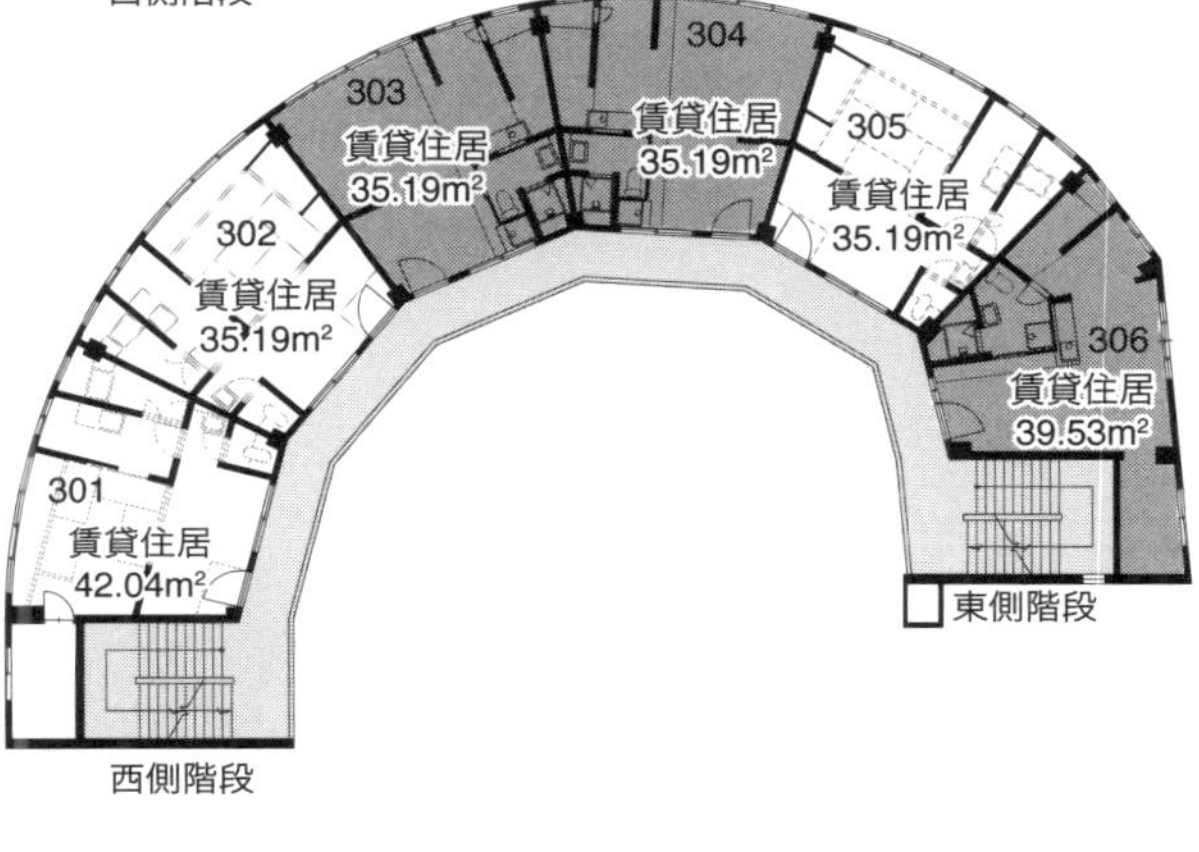
301
賃貸住居
42.04m²
302
賃貸住居
35.19m²
303
賃貸住居
35.19m²
304
賃貸住居
35.19m²
305
賃貸住居
35.19m²
306
賃貸住居
39.53m²
東側階段
西側階段

3F

大阪でリノベーションが得意な会社をインターネットで探してアートアンドクラフトに辿り着き、連絡をくださったとのことでした。

オーナーは建物の魅力に気づいていたようですが、それまで関わってきたリフォーム業者からの提案は、扇型の間取りの中にいかに四角い部屋を入れるかというものばかりで、建物自体のよさは理解してもらえなかったそうです。

相談をいただいて、あらためて内部を拝見してみると、カーブを描く特徴的な外観のみならず、内部空間も魅力的でした。オリジナルの照明器具、丸い木の手すり、ポスト、階段室の丸い窓など、残っているパーツも貴重で素敵でした。こういう空間が好きなユーザーは確実にいますと話したところ、建物の魅力に確信を持っていただいたようで、リノベーションすることになりました。

2階が店舗・事務所区画、3、4階が住居区画でしたが、まずは2階と共用部をリノベーションしました。入居者募集をしたところ間もなく満室になり、メディアからの反響も多かったので、3、4階も続いて改修しました。

見極め事例⑤事務所：鶴身印刷所

古い印刷工場の歴史を引き継ぎ、モノづくりの場に

「鶴身印刷所」は戦前に小学校の講堂として建てられ、戦後に印刷工場として稼働していた建物を、オフィス、工房、店舗、ワークショップスペースが混在する複合施設として再生した事例です。400㎡ほどある2階建の建物に、9・93〜26・8㎡の10区画の貸しオフィス（一部店舗利用可）があり、コーヒー豆焙煎販売、古本屋、彫金アクセサリーのアトリエ、シルクスクリーン印刷の工房、木工クラフトの工房、映像作家、花のアトリエ、蝶ネクタイデザイナーのアトリエ、スポーツウェアデザイナーの事務所、カメラマンの事務所など、ものづくりに

印刷工場をオフィス、工房、店舗、ワークショップスペースの複合施設へ改修、再生した「鶴身印刷所」。改修前（上）と、改修後のイベント時の様子（下）

関わる多様な事務所が入居しています。

会社員を経てセラピストとして活動していたオーナーは、印刷工場を経営していたお父様が倒れたことから、急遽34歳で会社を継ぎました。縮小傾向にある印刷市場の状況から存続は難しいと、工場を畳み、建物の今後を検討しました。数社の建設会社に活用法を相談したものの、出てきたのはアパートやマンションに建て替える提案ばかりで、管理を外注し家賃だけを受け取るという方針に、魅力を感じることができませんでした。

今後に悩んだオーナーは、知人の建設会社に相談したところ、ちょうど芸術計画事業部を立ち上げたばかりだったその会社から、閉鎖した工場をアートイベントに使わせてほしいと打診され、印刷のワークショップや音楽、演劇、ライブパフォーマンスなどを行うイベントが行われました。すると、1日のイベントのために600人もの人がやってくるという大反響がありました。そこでオーナーは、自身にとっては見慣れた建物や印刷機、古道具を魅力的に感じる人がかなり多いことを実感。建物を活用することを考え、イベントの関係者から紹介されたアートアンドクラフトに相談してくれました。

木造トラスの大空間の中に点在する、印刷機や石版石。建物に力があることはひと目でわかりました。建築用途が「工場・事務所」だったので、用途変更せずに済み、JR京橋駅徒歩5分という立地を生かせる小規模なオフィスが集積する建物としてリノベーションすることにしました。（123ページ、「オーナーインタビュー」参照）

「ものづくりの場であった印刷工場を引き継ぎ、ものづくりに携わる人を応援したい」「人の集まる場にしたい」「学びの場を作りたい」というオーナーの希望を受け、レンタブル比は最優先せず、あえて共用部を広めに取り、吹き抜けを設けて空間の魅力を引き出すようにしました。耐震補強もしっかりと行い、新築の木造と同等の耐震性を持つ建物へと改修しました。

古い印刷工場は、若く意欲的なオーナーのもとで、建物のみならずそこで営まれた歴史も引き継ぎ、未来のモノづくりを応援する場所へと蘇りました。

見極め事例⑥住宅＋事務所：APartMENT

街の特性を知り、挑戦するアートな集合住宅

「APartMENT」は1971年築の住之江区北加賀屋にある元鉄工所の社宅を、アート・クリエイティブを切り口に新たな賃貸住宅として再生したものです。事業主はプロローグで紹介した千島土地で、アートを媒介に北加賀屋のまちづくりを進めています。アートアンドクラフトは企画と事業全体のコーディネートをしました。

2、3階の8室は住居区画です。8組のアーティスト・クリエイターがそれぞれ1室ずつリノベーションしました。1階の4室は事務所・店舗・SOHO区画です。1階の事務所区画2室は、内装建材のオンラインショップを運営する「toolbox」とコラボレーションし、入居者が内装をカスタマイズできるスペースとしました（117ページ参照）。

元鉄工所の社宅をアート、クリエイティブを切り口にした賃貸住宅へ改修した「APartMENT」

先述のとおり、ここは元々千島土地が、地主として土地を貸していました。借り主が社宅を建てたもののその社宅が要らなくなったので、建物ごと返ってきました。本来の土地賃貸借契約では契約の解約時には、土地の借り主が借地上の建物を解体しないといけません。千島土地はそれを免除する代わりに、建物を無償で引き取りました。

我々はその建物をどう活用するか相談を受けて、売却や宿泊施設として運営することを含めて9案ほど提案しました。選ばれたのはかなり尖った提案でした。北加賀屋をアートで盛り上げるならば、このくらいやってはどうかと、一つひとつの部屋を異なるアーティストがリノベーションする提案をしたのです。提案に「収益性」「運営の手間」「文化支援度」「KCV度（北加賀屋の地域の魅力につながるかどうか）」などの7つの指標で分析した表をつけたのですが、選ばれた案は「文化支援度」「KCV度」といった街や文化に貢献する指標が高い反面、「収益性」「運営の手間」といった事業効率に跳ね返ってくるような指標はそこまでよくありませんでした。それでもあえて、アーティストやクリエイターが集う街の特性を踏まえ、さらに創造的な取り組みを推進していこうというオーナーの意欲があらわれた、挑戦的なプロジェクトになりました。

〈新桜川ビルエントランス／ before〉1958年に竣工した「新桜川ビル」は併存住宅（下層階に事務所・店舗、上層階に賃貸住居を設けた都市住宅の形式）として建てられた。

1階には多様で魅力的なテナントを

〈外観／ before〉高速道路に面してはいるが駅も近い。曲面をなすファサード、窓の大きさ、多さが魅力

〈外観／ after〉外壁は塗り替え、屋上防水を行った。1階のテナントのうち、元々この界隈で人気のあったベーカリーの隣の区画にコーヒースタンドが新しく入居した

共用部の演出が全体の雰囲気をつくる

〈共用廊下／ before〉 青いタイルや照明器具、窓枠は汚れや色あせが見えるが貴重な素材

〈共用廊下／ after〉サッシの塗装、床ビニルタイルの張替えを行った。タイル部分は塗料に墨を混ぜて極力従前の色に近づくよう工夫した

パーツや素材が個性になる

〈取っ手／ before〉扉の取っ手のようなディテールも建物独特の雰囲気を宿している

〈取っ手／ after〉建具の取っ手はオリジナルのものを磨いて再利用した

〈アトリエ兼住居区画／ before〉阪神高速と千日前通の騒音、現代のライフスタイルに合わない間取り等が原因で、長期間空室のままの部屋もあった

〈アトリエ兼住居区画／ after〉 騒音を逆手に取り“多少の音出しは OK”とし、クリエイター向けのアトリエ兼住居としてリノベーションした。 隣戸と接する壁は吸音性のある素材で仕上げた

多様で多才なテナントが物件自体の魅力になる

2階の金魚屋

2階のショットバー

2階のリフレクソロジーサロン

2階のクリエイタースクール

水回りは明るさと清潔感が大事

〈水回り／ before〉風呂場・台所などの水回りは古いつくりのままだった

〈水回り／ after〉レトロな建物であっても水回りの清潔感は必須

屋上の魅力を最大限に生かす

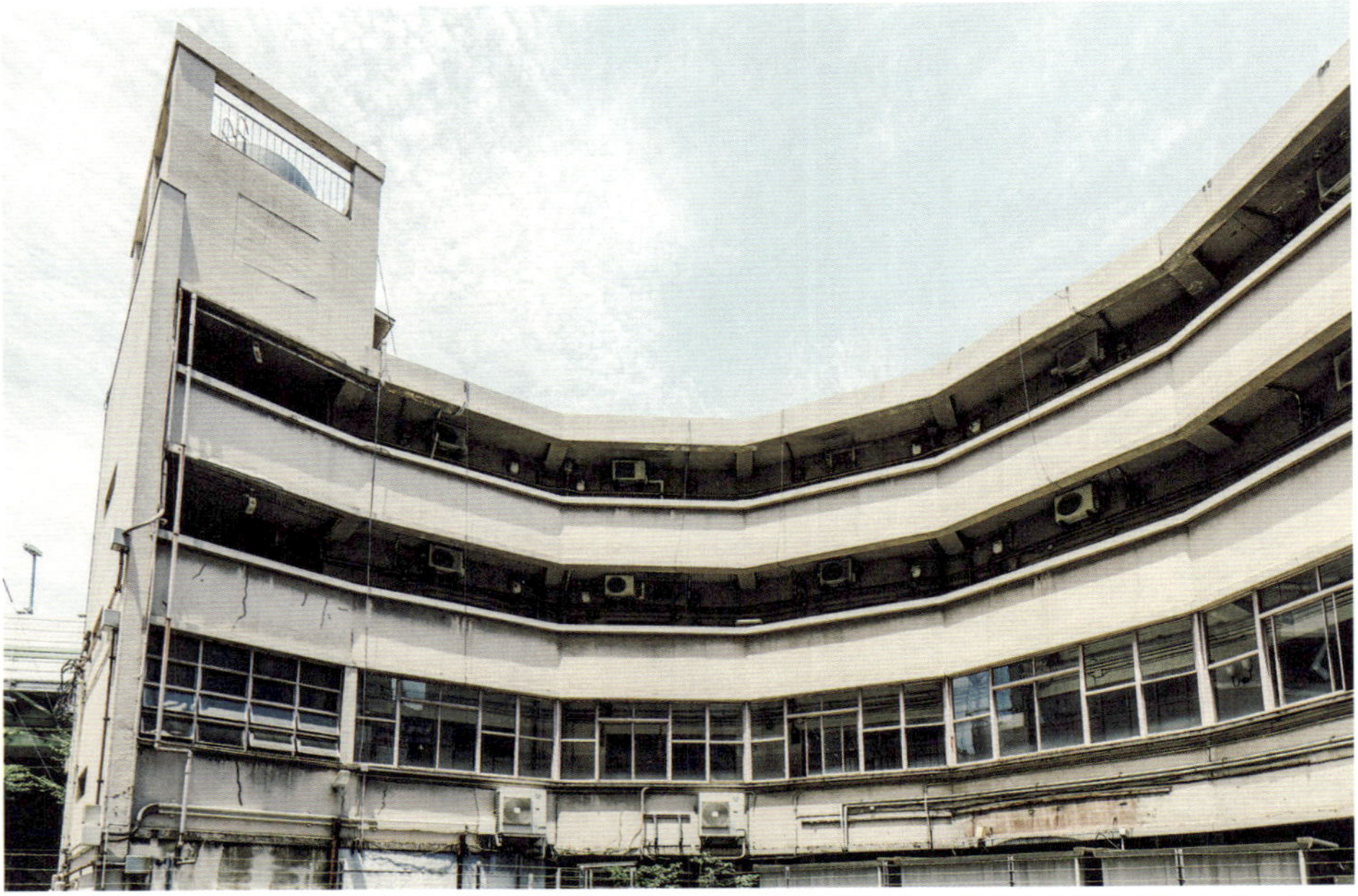

〈外観・屋上／ before〉屋上は元々入居者の共同物干しであった

〈外観・屋上／ after〉リノベーション時に屋上防水工事も行った。開放感のある眺望はそれだけでビルの魅力になる

〈エントランス／ after〉照明やエントランスの銘板はオリジナルのものを再利用し、ビルの歴史を引き継いだ

2章

商品企画術

——誰にめがけてつくるかで9割が決まる

① 企画の軸はターゲット設定にある

企画はまず、市場調査から

企画では既存の不動産の価値を見極め、何をどう変えるか、どれだけ投資をするか、ターゲットは誰なのかといった総合的な方針を決定します。これは不動産リノベーションの根幹ともいえる部分です。企画担当者には、高い想像力と、それを現実に落とし込むための幅広い知識、広い視野での計画性が必要です。元の建物の個性をどう読み解くか次第で、リノベーションの方針は変わります。どれだけ投資し、どんなターゲットを対象とするのかということからも、建物の姿は変わっていきます。

まず行うのは市場調査です。家賃相場がいくらか、当該エリアにどんな住宅が多いのか、不動産業者専用の不動産物件情報共有サイト「レインズ」や、不動産会社が提供しているポータルな不動産情報サイトで調べます。ただし僕らの場合は「大阪R不動産」の運営を通じ、少なくとも大阪についてはあらゆる街について、サラリーマンが多いのか、フリーランスの方が多いのか、子どものいる家庭に人気があるのか、といった数字に現れない情報まで把握しています。したがって市場調査の役割は、現状を確認するために不動産の相場を確かめるくらいの意味にとどまっています。

企画において、間取りは重要ではない

特に新築マンションなどの賃貸物件を企画する場合は、一般的に間取りが企画の肝になります。家を探すとき

には〝2LDK〟とか〝ワンルーム〟といった間取りで検索をかける方が多いからです。しかし僕らは商品企画の際に、間取りを重視しません。

個人住宅のリノベーションにおいて、僕らは部屋同士の区切りが曖昧な空間をしばしば提案します。リビングの中にちょっとしたワークスペースをつけたり、家具などで視線は遮られているけれども、空間としてはリビングとつながった寝室をつくったり、そういった設計を多用します。住戸全体に一体感があると、面積以上のゆとりが感じられ、居住性が高まります。しかしそうやって設計した住宅が果たして何LDKなのかといわれると、はっきりとは答えられません。

こうした間取りを無視した提案は、マンションなどの商品企画の場面では嫌われます。間取りで検索をかけることを前提にすると、一般的な2LDKくらいのゆとりがあってもワンルーム扱いになってしまう物件は、割高に見えるからです。

でも最近は都市部の世帯あたりの人数は減少傾向です。特に賃貸市場では、単身住まいの比率の高さはとんでもないことになっています。部屋数が多いことを重視するのは、世帯あたりの人数が2人以上のときだけです。だから実際は、あまり間取りは気にしなくていいと思います。

間取りより、ターゲット設定を重視しよう

それでは何を重視すべきなのでしょうか。僕はターゲット設定だと思っています。ターゲットが明確になれば、そこでどんな生活がなされるのかが自ずとわかるからです。分譲マンションや建売住宅の場合はローンも絡むので、ターゲット設定で重視されるのは居住者の年収ですが、僕たちが主に手がけている賃貸住宅の場合、特に家

賃10万円くらいまでの物件ならば、年収よりも消費スタイルがポイントになると思います。アートアンドクラフトでは、どんな職業で、普段どんなところで遊ぶのか、どんなカフェに行くのかなどと、ターゲット像を細かく設定しています。

ターゲット設定は、まずは企画担当者が中心となって考えます。そして社内の会議で詰めていきます。ターゲット像は、元の建物の雰囲気と、エリアのカラーを出発点に考えることが多いです。ここにはこんな人が住みたがるのではないか、逆にこういう人は来ないだろうと想像を膨らませていきます。近所にカフェや有名レストランなどがあれば、そういったこともきっかけにします。ここには行きそうだというお店には、最終的には物件のチラシを持っていくこともありますし、実際にそのチラシから入居者が決まったりもします。そんなときはすごくうれしいですね。それは戦略がハマった喜びというよりも、こちらが思い描いていた人に本当に出会えた！　というううれしさです。

テイスト（○○風）ではなくターゲットが大事

デベロッパーやリノベーション会社には、ターゲットではなくテイストで商品のコンセプトをまとめようとするところもあります。たとえばブルックリン風、地中海風などとうたっているマンションや建売住宅の広告を見たことはありませんか？　アートアンドクラフトでは、あれはやらないことにしています。なぜなら関係のない地名を持ち出すと、元の建物や街の個性とバッティングして、企画がブレるからです。「ブルックリン風いうてもここ大阪やん」と思ってしまうんです。

例外はあります。アートアンドクラフトでリノベーションし、運営している沖縄の宿泊施設「SPICE MOTEL

OKINAWA」では、南カリフォルニアを意識しました。それは実際に建設当時そこがアメリカ領だったとか、沖縄も南カリフォルニアも暖かいとか、必然性があったからです。脈絡のない地名を企画に持ち込むのは、飽きられやすく、危険です。○○風ではなく、元の建物や地域となじむ企画にした方が、長く愛される建物ができます。

ターゲットを絞ることで、商品の個性を打ち出す

デベロッパーが開発するマンションでも、ターゲット設定自体は行われていると思います。しかしターゲットをあまり絞り込まず、30代の4人家族で世帯年収600万とか、最大公約数的なターゲットを設定しがちです。タワーマンションならば1棟300戸という建物もあるほど規模が大きいので、ターゲットを絞りすぎると売れないと考えるからでしょう。

でも僕らがやるようなリノベーションは1棟あたりの戸数があまり多くないので、ターゲットを絞ることに対し、それほどのリスクはありません。むしろターゲットを絞って個性を出さないと、入居者に見つけてもらえません。広告の量も全然違います。新築マンションの場合は電車の吊り広告や駅の壁面広告など、幅広く広告を打ちますが、僕らは広告にあまりお金をかけられないので、商品そのものに個性を出すようにしています。

ターゲットからぶれない大切さ

ターゲットを細かく設定すると、企画から設計、施工、販売というプロセスの中でブレることなく進めることができます。建物の姿は、一人の意志で決まるわけではありません。各プロセスには、設計者、営業、オーナーといったさまざまな立場の方が関わります。それぞれの立場やキャラクターによって、優先したいことや好みは

異なります。特にオーナーは最終的な決定権を持っているので、その声で建物ががらっと変わることも多いのですが、そこには裏付けがないことがほとんどです。〝オーナーの好み〟のような根拠のない意見が後から入ってくると商品がブレて魅力が薄れ、プロジェクトの進行が滞り、果ては入居者募集にも悪影響を及ぼします。設計中に唐突な意見が出てきたとしても「あのとき決めたターゲットなら、キッチンはステンレストップで間違いないでしょう」などと迷わず進められるように、あらかじめターゲット像を明確にしておく方がいいのです。だからターゲットは、一度決めたらブレてはいけません。オーナーの好みも封印して入居者募集の広告まで踏襲し、最後まで貫徹するようにします。

実際にアートアンドクラフトがどんなふうにターゲットを設定して商品に反映させているのか、事例を紹介します。

② 企画術〈住宅編〉——オトナのひとり住まい

注目すべきターゲット「都市部の単身者」

数年前に「オトナのひとり住まい」という販売物件のシリーズを企画しました。そのとき抱いていた問題意識は、都市部では圧倒的多数派であるはずの単身者にとって、ちょうどよい住まいが少ないということでした。

アートアンドクラフトの主な事業は個人住宅のリノベーションです。その顧客層は最も多いのがカップルで、次に多いのが子どものいる家庭です。しかし大阪市の場合、統計的に多いのは単身者世帯で、ボリュームとしては圧倒的です。単身者世帯は若者か老人というイメージがありますが、実際にはあらゆる世代に分布しています。

その中には上場企業に勤める年収５００～６００万円の単身女性といった、単身者向け住宅のマーケットの主流から完全に外れてしまう方もいます。そのような方はそれなりに存在するのに、彼らにとってちょうどよい家が市場にない。ならばうちでつくろうと生まれた企画が「オトナのひとり住まい」でした。

これは中古不動産を買取り、企画・設計・施工して販売するプロジェクトで、２０１４年から年１、２軒ほど実施しています。多くの場合、50㎡前後、２ＤＫくらいの物件を改修します。エリアはかなり限定していて、中央区の谷町や上本町、もしくは西区の靭公園周辺という２つのエリアに集中しています。いずれも御堂筋界隈のオフィス街から東西にちょっと離れていて、街中だけど緑もあり、仕事で疲れて帰ってきてもホッとできるような落ち着いたエリアです。

事例①新町のアパートメント

コラムがきっかけで、オトナのひとり住まい需要が判明

「新町のアパートメント」は、はじめて手がけた「オトナのひとり住まい」です(145ページ、165ページ「住宅リノベーションのレシピ」参照)。きっかけは２００９年、僕がアートアンドクラフトの会報誌に執筆したコラム「オトナのひとり暮らし考」でした。このとき「50㎡のワンルームがオトナのひとり暮らしの理想」だと宣言し、具体的な空間のイメージもこんなふうに語りました。

「玄関脇に土足のまま入る広いウォークインクローゼット、その隣には大きな鏡のある洗面台とトイレ、足を伸ばすことができるバスタブがあって、シンプルだが２ｍ以上の長さがあるキッチン。残りを寝室と兼用のＬＤＫとしても20畳の広さを確保できる。これならダブルベッド、ダイニングテーブル、そしてソファを置くことが可能だ」。

このコラムには、かなり反響がありました。その後、単身者向けのリノベーション講習会や、個別面談会もしました。そこでひとり住まいのリノベーションに興味がある年齢、職業、年収などさまざまな情報が集まってきました。

まず、狭いワンルームには住みたくないとおっしゃる方が多いのです。ワンルーム以上のサイズとなると2DKで1つ和室がついているような住戸になります。みなさんそういうところを借りて襖を外して奥にしまい、和室にカーペットを引くなどして洋室化して住んでいるのです。

しかしどうやらそのような方は忙しく、わざわざ中古マンションを買って打ち合わせを重ねてオリジナルの住まいをつくろうとまでは思っていないということがわかりました。セミナーに来られるほど家に興味があるのに、忙しくて腰が上がらず、今のアパートに5年以上住み続けているという方ばかりでした。

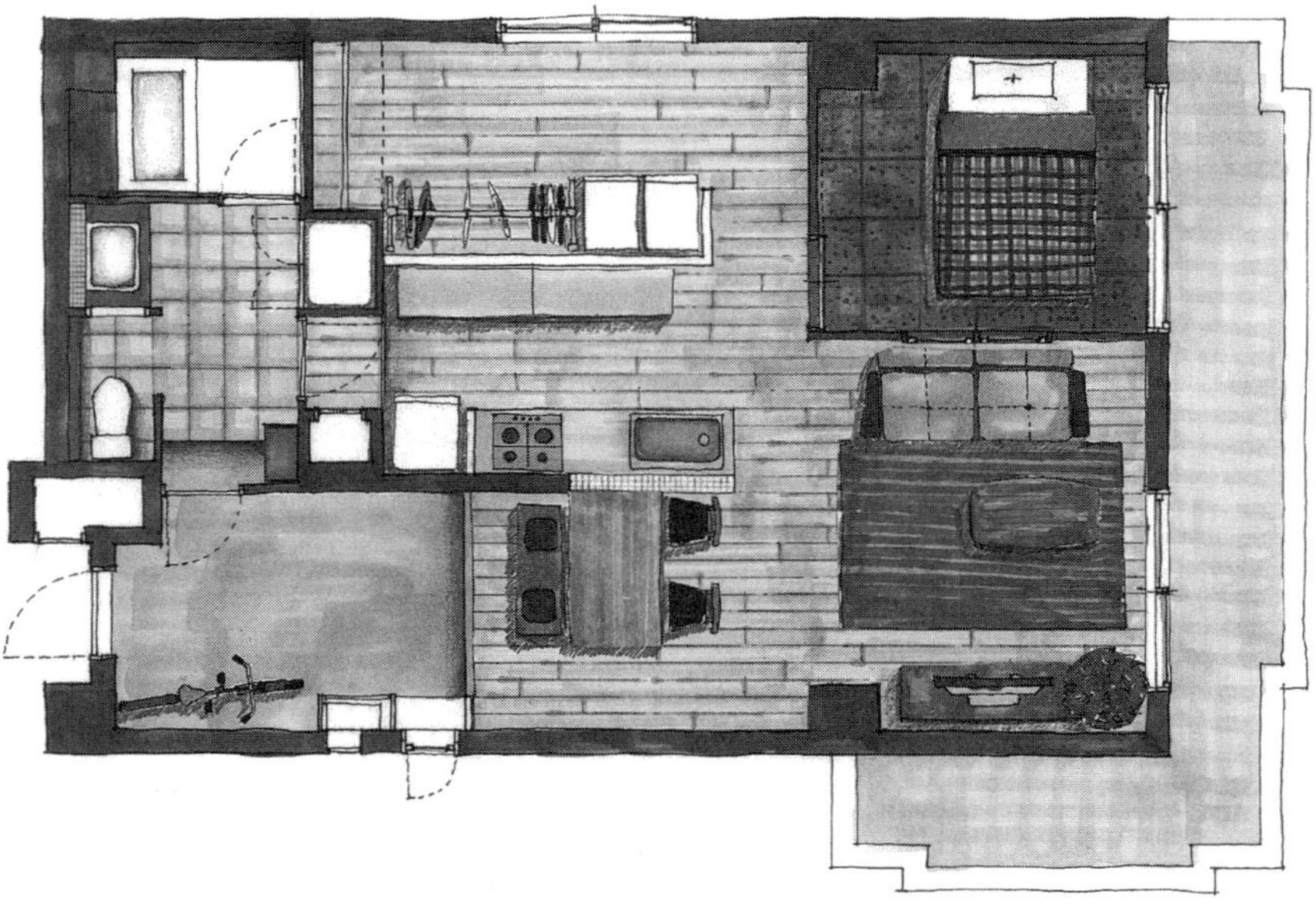

「オトナのひとり住まい」のイメージスケッチ

そこでそうした方々に向けて2014年、大阪市中心部にあるマンションの60㎡弱の区画をリノベーションし、販売することにしました。玄関脇にクローゼットをつくるなど、かつてコラムで示したイメージをプランに反映させました。自分ひとりが心地よく過ごせる空間になるように徹底しました。ベッドも寝室におさめるのではなく居間の一角に設け、広々としたワンルームにしました。

「オトナのひとり住まい」にリノベーションしやすく、実際に30～40代の単身者の方が暮らしているのは、20年ほど前にたくさんつくられた新婚向けの2DKです。こういう住戸は今こそ単身者向けに改修するべきで、できれば賃貸でも展開したいと思っています。需要は確実にあると思います。

「新町のアパートメント」ベッドも居間の一角(キッチンの向こう側部分)に設け、60m^{2}弱のワンルームに改修した

既存建物の評価

■物件について

・北向きだが前面道路がT字路となっているため閉塞感もなく明るい

・小規模マンションで華やかさはないが、鉄製の手摺などいいパーツを持っている

・雁行した間取りで設計による工夫のしがいがある

・数年前に大規模修繕が行われており清潔感がある

■立地について

・徒歩10分以内に本町駅、阿波座駅、四ツ橋駅があり、アクセスに優れている

・マンションと同様、所在地に華やかさはないが、居住環境としては静か

Arts&Crafts

PLAN —— 新町のアパートメント

Price

1,900万円台を予定

Target

・30-40代の単身女性
・都心の普通の会社に勤めている
・感度は高い
・いわゆる女子っぽくはない

Concept

独りならではの暮らし方の提案
・隠さなくてもいい
・水回りレイアウトの再構築
・ダイニングセットのない生活

Promotion

全3回の「オトナのひとり暮らし」イベント開催
【6月22日】
・ストック＆リノベーション購入編
・不動産見学
【7月中旬】
・ストック＆リノベーション設計編
・工事現場見学
【9月上旬】
・工事後オープンハウス

（after）

専有面積	58.22 m^2
構造	鉄骨鉄筋コンクリート造 一部鉄筋コンクリート造 11階建
建築年	1979年

「オトナのひとり住まい」第一弾「新町のアパートメント」の改修プラン

事例②粉川町のアパートメント

ターゲットは「海外居住の経験のある、商社に勤める30歳女性」

「粉川町のアパートメント」は、大阪市中心部にあるマンションの40㎡弱の区画をリノベーションした物件です。ここでは「海外居住の経験があり、商社に勤める30歳前後の1人暮らしの女性」をターゲットとしました。オフィス街にアクセスがよいので、平日は忙しく働き、夜は自宅周辺で外食をして帰ってくるという生活スタイルをイメージしました。分譲マンションとしては狭い物件なので、若い方でないと買わないだろうと、ターゲットの年齢を下げました。そして一度海外に留学し、帰国して商社に勤めているという、具体的な人物設定まで決めています（147・166・179ページ参照）。

このターゲット設定は、細かいところまで設計に反映されました。たとえば海外で暮らした経験があるという設定なので、床は外部空間にも使われるテラコッタ風のタイルとし、内部まで下足でも入れるようにしました。設定は女性ですが、おそらくいかにも女性的な甘いテイストはあまり好みではないだろうと、キッチンは少し男らしいステンレスで仕上げました。

この住宅は実際に、単身の女性の方が購入してくれました。商社勤務ではなく海外経験もなかったのですが、描いた人物像に近い方でした。ターゲットをしっかり設定して貫くとやはり企画がブレず、商品の魅力が確実に住み手に届くということが実感できました。

クリエイティブなのは、カタカナ職業ばかりではない

ターゲット設定を細やかにしている背景には、近年、働き方が多様化し、人々の趣味や嗜好を職業だけでは分

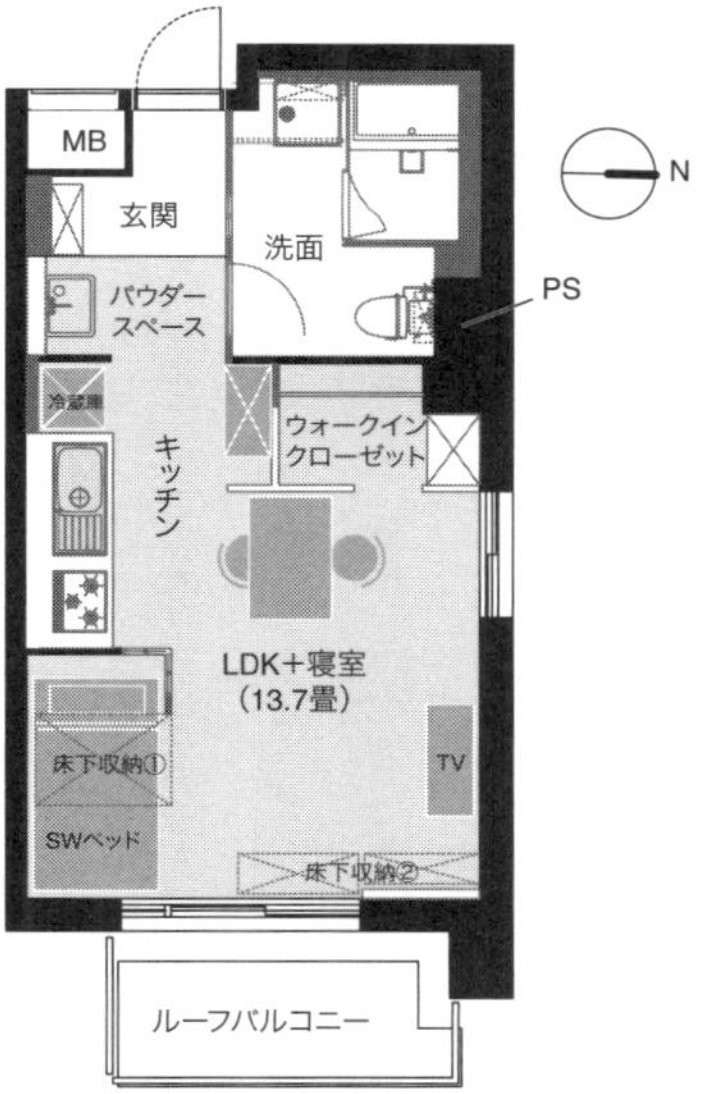

専有面積：37.20m²	バルコニー面積：5.44m²	構造：鉄筋コンクリート造	建築年：1982年

「粉川町のアパートメント」“海外居住の経験あり、商社に勤める30歳前後の女性”をイメージして企画した、40m²弱の部屋

類しにくくなってきていることがあります。アートアンドクラフトを始めた20年前は、カタカナ職業かサラリーマンかで、ファッションもライフスタイルも大別できました。サラリーマンの場合はヒゲを生やしていないなど明確な特徴があり、たとえ休日にお会いしても見分けがつきました。でも最近は、堅い会社に勤めていてもくだけた雰囲気の方も増えており、区別するのは難しくなってきました。だから職業よりも、どんなレストランに行くのか、旅は好きか、休日はどんなふうに過ごすのかといった、生活スタイルに注目した方が、ターゲット像がクリアになりやすいのです。

「オトナのひとり住まい」シリーズの一つ「清水谷のアパートメント」

③ 企画術〈オフィス編〉——居心地のよいオフィス

居心地のよさで新築のオフィスと差別化しよう

次にオフィスの企画術を説明します。アートアンドクラフトで注目して取り組んでいるのは、まるで住宅のような居住性を持つ「居心地のよいオフィス」をつくることです。

世の中のオフィスのほとんどは、居心地があまりよくありません。最近のオフィスビルは高層化されています。高層で立派なものほど高い賃料で貸せると考えられています。でも、そういうオフィスって結構、閉塞感があるんですよね。窓も開けられないし、屋上にも出られません。内装も均質です。床はタイルカーペットで埋め尽くされ、照明は蛍光灯という味気ないものばかりです。

不動産会社などによりオフィスの空室率がよく発表されていますが、そのデータは主要なオフィスだけをカウントしたものが多いです。主要なオフィスとは、大規模なオフィスや大手の会社が扱っているオフィスのことです。そこに乗らない小規模なオフィスは発表される数字以上にスカスカで、4割くらい平気で空いています。こうなると値段を下げるくらいでは見向きもされません。

オフィスの内装はどこもほとんど同じなので、立地と床面積だけを評価軸とする値段の叩き合いになってしまいます。さらに少しでも古くなると新しいオフィスに淘汰されてしまいます。だから古いビルは新しいビルを真似ても勝ち目はありません。

しかしちょっと自由度のあるオフィスをつくれば、借り手は簡単に連れて来られると考えています。アートアンドクラフトでは現在のところクリエイティブ系のお仕事をしている方をターゲットとすることが多いのですが、マーケットはもっと広げられるのではないかと思っています。

大規模なオフィスの場合、総務部の担当者が机を何個置けるか計算し、この面積が必要だから……というようにスペックだけで物件を選ぶ傾向にありますが、総勢10名くらいの小規模な事務所の場合は違います。休憩時間をいかに気持ちよく過ごせるかを大事にしたいとか、オフィスを自分ごととして捉える入居者も多いです。だから実際に事務所を使う人がどう過ごすかを想像して、ロビーに洒落たソファを置くとか、給湯室を充実させるとか、そんな仕掛けを大事にすると一気に決定率が上がります。

「屋上」は古めのビルならではの強み

新しめのオフィスビルでの生活は、言葉はよくないですが、まるで奴隷の生活みたいだと感じます。屋上にも出られず窓もあけられない。タバコを吸うにも囲われた場所で吸うしかない。外気に触れることができず、完全に管理されて生活することになります。

一方で古めのビルには、人間的な要素が残っています。たとえば屋上。昭和の頃の映画なんかを観ていると、結構大きなオフィスビルでも、屋上があって、昼休みにバレーボールをしていたりします。僕らは以前「ダイビル本館」という、1925年竣工の地上8階建の近代建築に入居していました。そこの屋上も、たくさんの方がお弁当を食べたりジョギングをしたりしていて、かなり上手く使いこなされていました。

「居心地のよいオフィス」を企画する上で、屋上はかなり重視するポイントです。オフィスの居心地をよくするために共用部を広げることもありますが、レンタブル比の低下と相殺になるので、バランスが難しいのです。

一方で屋上は元々使われていない場所ですし、工事費もあまりかかりません。少し植栽を入れて座れる場所をつくり、照明を設置するだけでも付加価値につながるので費用対効果がすぐれています。最近の高層ビルは管理上の問題で屋上をつくりにくい建物が多いので、屋上は古ビルならではの強みにできるのです。

事例③アイエスビル

屋上とフローリングで差別化した「居心地のよいオフィス」第一号

「アイエスビル」は、「居心地のよいオフィス」というコンセプトでビルをリノベーションした、はじめての物件です。かつて「六本木アカデミーヒルズ」を立ち上げ、最近はコミュニティ型ライブラリーを軸に場をつくる活動「まちライブラリー」をさまざまな地域で推進されている礒井純充さんから依頼をいただき、1975年築、地上7階建のビルをリノベーションしました。「まちライブラリー」の第一号も、こちらのビルにあるものです。

依頼があったのは2007年で、僕たちにとっては初期のオフィス改修の仕事でした。礒井さんのお母様が所有するビル全体を改修し、その一画で人の集まるライブラリーをやりたいという相談でした。「居心地のよいオフィス」というタイトルで企画書

1975年築、7階建ての事務所ビル「アイエスビル」。工事前の外観（左）とオフィス内観（右）

エリア分析 —— アイエスビル

申し分ない立地

・大阪で人気の天満橋と谷町四丁目の間に位置する
・府庁など公的機関が集中し、関連する事業所も多い
・北大江公園と中大江公園の中間に位置し緑が豊か
・足を伸ばせば大阪城公園へも徒歩で行くことができる
・熊野街道に面し、今後まちづくりが進む可能性もある

建替え

特徴なく周囲に埋没する建物

・昭和50年（築32年）の建物は、あと30年程度は使える
・外壁など大規模な修繕で、荒廃した悪いイメージはない
・南東向きの角地のため居室内がとても明るい
・オフィス用エントランスが狭く、店舗の印象が強い
・建物に長所や特徴が少なく、周辺のビルに埋没している

値下げ

募集賃料に内容がともなわない

・募集面積は約43坪/階であるが、実用面積は約32坪
・それで計算すると賃料単価は6,000円/坪
・共益費込みの賃料では、30万円/階（単価9,360円）
・周辺の市場は活況であるが、賃料に内容がともなわない
・賃料20万円/階（単価6,250円）が成約可能な賃料と考える

リノベーション

Arts&Crafts

「アイエスビル」企画時の提案書

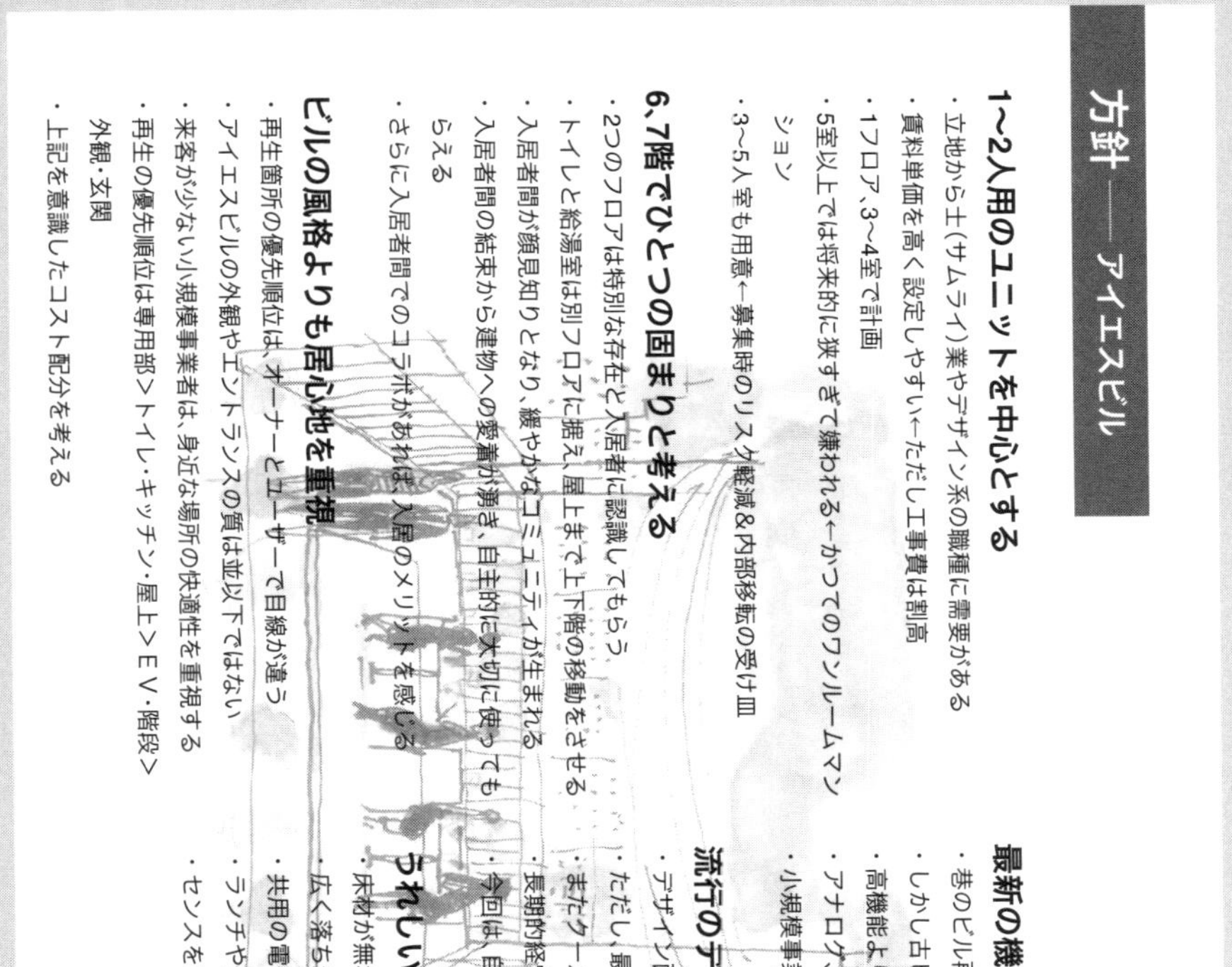

方針 —— アイエスビル

1〜2人用のユニットを中心とする
・立地から士(サムライ)業やデザイン系の職種に需要がある
・賃料単価を高く設定しやすい←ただし工事費は割高
・1フロア、3〜4室で計画
・5室以上では将来的に狭すぎて嫌われる←かつてのワンルームマンション
・3〜5人室も用意←募集時のリスク軽減&内部移転の受け皿

6,7階でひとつの固まりと考える
・2つのフロアは特別な存在と入居者に認識してもらう
・トイレと給湯室は別フロアに据え、屋上まで上下階の移動をさせる
・入居者間が顔見知りとなり、緩やかなコミュニティが生まれる
・入居者間の結束から建物への愛着が湧き、自主的に大切に使ってもらえる
・さらに入居者間でのコラボがあれば、入居のメリットを感じる

ビルの風格よりも居心地を重視
・再生箇所の優先順位は、オーナーとユーザーで目線が違う
・アイエスビルの外観やエントランスの質は並以下ではない
・来客が少ない小規模事業者は、身近な場所の快適性を重視する
・再生の優先順位は専用部>トイレ・キッチン・屋上>EV・階段>外観・玄関
・上記を意識したコスト配分を考える

最新の機能を追及しない
・巷のビル再生の動向は、高機能を重視する傾向
・しかし古ビルが真似ても、いずれ時代から遅れて入居率が落ちる
・高機能より、空間の居心地やデザインで対抗する手法を採用する
・アナログ、古さを恥じずに、むしろ強調してもかまわない
・小規模事業者だからこそ、それが受け入れられる余地がある

流行のデザインはあえて避ける
・デザイン面でも、他のビルとは違う特徴をつける
・ただし、最先端の店舗デザインは数年で陳腐化するので避ける
・またクールすぎるデザインは、既存部分と違和感が生じる
・長期的経営視点から、長持ちするデザインを考える
・今回は、自然・無垢で無骨・脱既製品・不揃いなどがキーワード

うれしい居心地のための仕掛け
・床材が無垢のフローリングと白いカベ
・広く落ち着くトイレのブース&じめじめしていない給湯室
・共用の電子レンジ、冷蔵庫、ミネラルウォーター、湯沸しポット
・ランチや休憩に使いたくなる屋上
・センスを感じさせるサイン計画

Arts&Crafts

「アイエスビル」企画時の提案書

コスト —— アイエスビル

部屋番号	6F		7F	
	6A		7A	
面積(m²)・(坪)	22	6.8	23	7.0
賃料(円)・共益費(円)	61,075	16,925	60,591	17,409
総額(円)・単価(円/坪)	78,000	11,522	78,000	11,201
	6B		7B	
	32	9.8	32	9.8
	81,528	24,472	81,528	24,472
	106,000	10,829	106,000	10,829
	6C		7C	
	26	7.8		
	67,443	19,557		
	87,000	11,122		
	6D			
	22	6.6	50	15.1
	61,400	16,600	110,301	37,699
	78,000	11,747	148,000	9,815
月額賃料小計	¥349,000 (6F)		¥332,000 (7F)	
月額賃料合計	¥681,000 (6F+7F)			
年間賃料	¥8,172,000			

目標賃料収入800万円/年
・周辺の賃料相場よりは強気な設定とする
・築30年超の小規模ビルでの単価としてはMAX
・これ以上を望むなら特別なサービス(秘書業務など)が必要
・建替えて新築しての賃料単価と遜色はない
・現状での成約予測賃料よりリノベーションで約170%増

投資額2,400万円の工事費
・計画の工事費概算額は2,400万円前後
・金額には企画料、設計料、工事監理費を含みます
・目安／室内工事1,600万円、パントリーとトイレ200万円
・屋上＋階段＋EV＋エントランス400万円、設計料など200万円
・上記の想定賃料×3年≒工事費

2008年3月末の満室が目標
・本提案に大筋合意で「申込み」いただいた場合
・8月下旬／現地調査（大工、電気、給排水）
・9月上旬～／設計打合①②→工事見積→金額調整→請負契約
・10月中旬／着工、12月中旬／竣工
・1月～／募集開始（A&C会員向け）→内覧会→入居

Arts&Crafts

「アイエスビル」企画時の提案書

をつくり、六本木ヒルズまでプレゼンテーションに行きました。床にフローリングを貼ったり、いろいろなものをピンで留められる壁を設けたり、共用部を充実させたりして、居住性を向上させつつ交流を生み出すことを考えました。屋上を利用して憩いの場をつくる提案も盛り込みました。

「居心地のよいオフィス」というアイデアが生まれたきっかけは、たまたまそのビルが角地にあったこと。前面道路に街路樹が植わっていて、環境がよかったのです。どの区画にも道路に向けて大きな窓があいていて、明るいことが特徴でした。一方でオフィスビルとしては駅からやや距離があったので、競争力をつけるためにも「居心地のよいオフィス」として勝負しようという話になりました。

オフィスの内装材は木を中心に使い、自宅の書斎やリビングのような空間としました。屋上にはデッキを敷き、緑を入れ、木のテーブルとベンチを置いて、空の下でランチもできるような場所にしました。

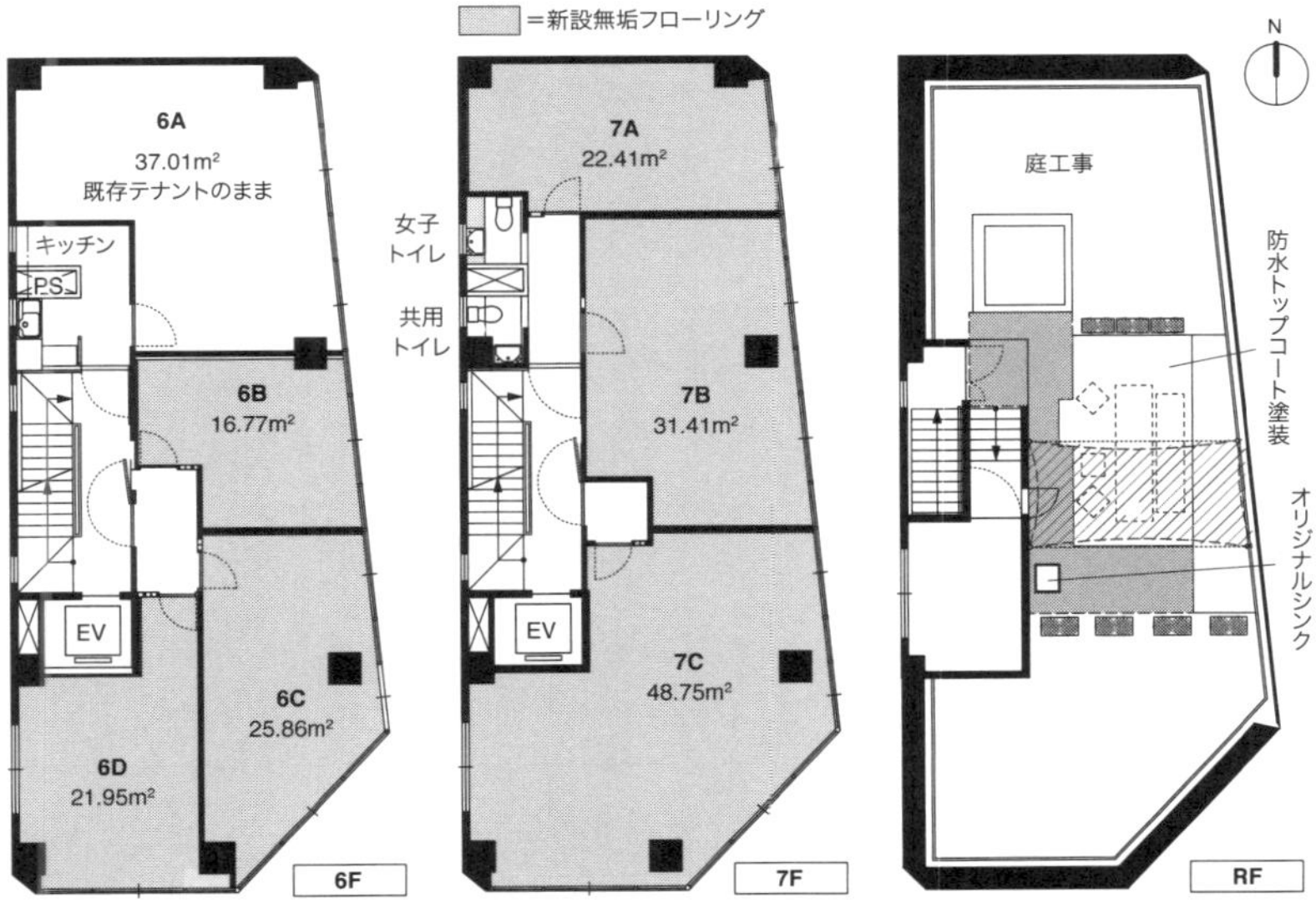

改修した工事面積：284m²	構造：鉄筋コンクリート造7階建	建築年：1975年

「アイエスビル」改修階平面図

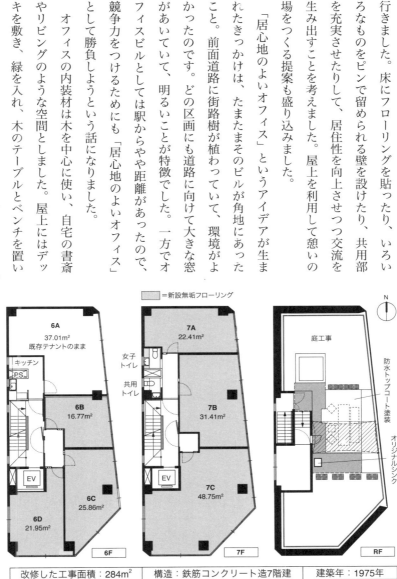

さらに3階に入居者と会員が共同で使えるライブラリーを設けました。そこにはミーティング向きのテーブル席の他に、街路樹が見えるカウンターもつくりました。

周辺の相場より1割増しほどの賃料設定で募集をかけたのですが、デザイン系の事務所を中心に入居者はすぐに見つかりました。リノベーションから10年ほど経ちましたが、現在も人気があるようです。

「給湯室コミュニケーション」を生み出す共用部

「アイエスビル」はいわゆるシェアオフィスではありませんが、入居者同士のつながりを生み出すことも意識した建物です。そこでライブラリーや屋上といった場所に加えて、人をつなぐ接点となったのが、共用のミニキッチンです。部屋番号付きのトレー型の食器置き場を設け、シェアハウスのキッチンのようなつくりにしたところ、入居者同士がそこで顔見知りになって仲良くなったという話を聞くようになりました。一般的なオフィスにおける〝給湯室コミュニケーション〟のような効果が生まれているようです。これは大きな共用部を設けることができない小さめのオフィスビルでも、コストをあまりかけずに簡単に実現できる、おすすめの方法です。

このような、ゆるやかなつながりを生み出す場所は、住宅、オフィスに限らず幅広い用途で潜在的な需要があるように思います。特に年齢があがるほど新しい友だちをつくりにくいようで、沖縄に転勤した30代の社員も、同性の友人ができるまで9か月かかったと言っていました。かと言って、以前、社員にシェアハウスに暮らしたいかどうかアンケートを取ったところ、誰も住みたいと希望しないのです。シェアハウスほど濃密なコミュニケーションはしんどいと思うようです。このように、ある程度の年齢を超えると、利害関係を超えた新たな交流は生まれにくいなか、「アイエスビル」のミニキッチンのようにコミュニケーションを触発するささやかな仕掛けは

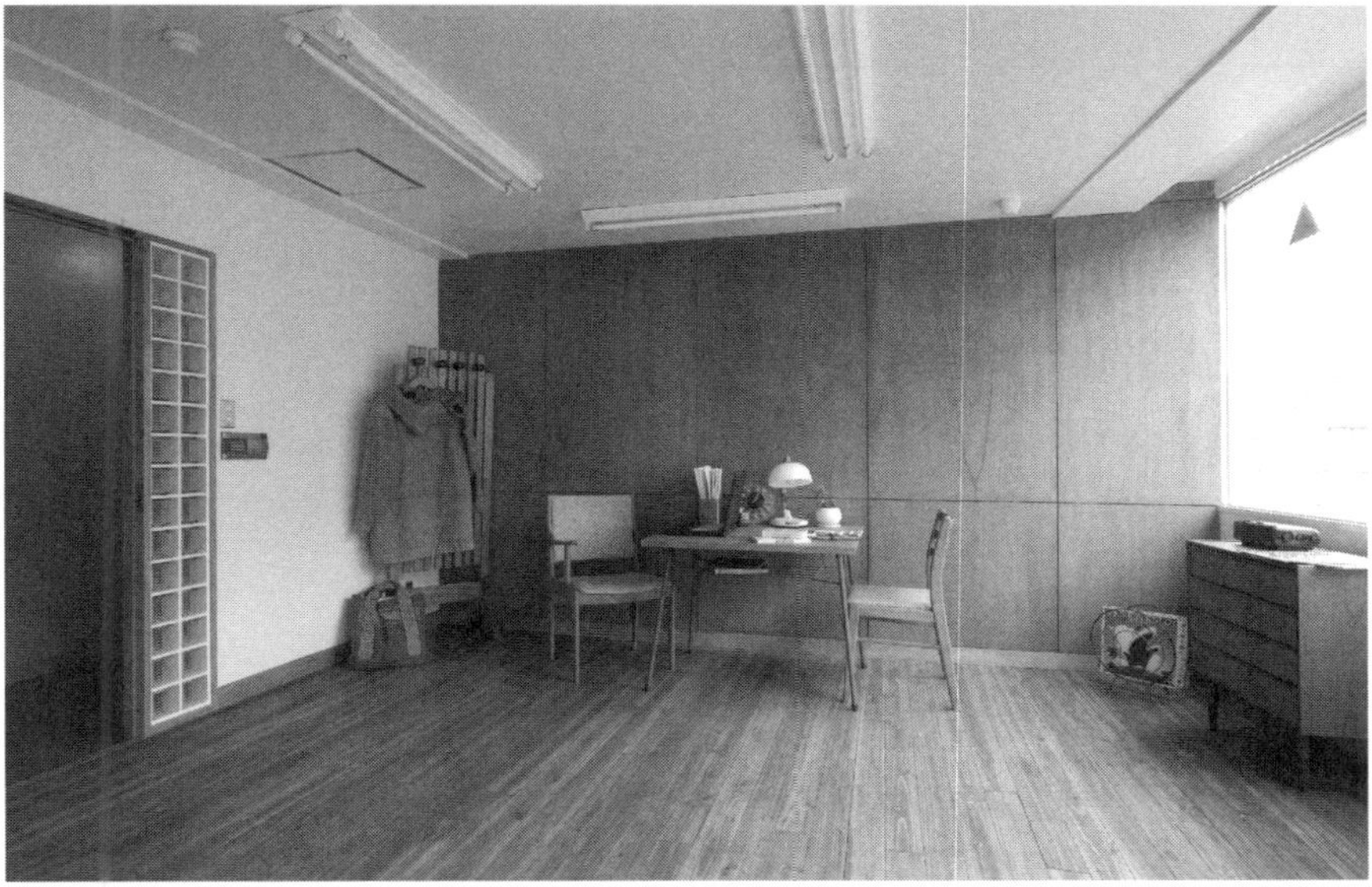

改修後の「アイエスビル」。フローリングのオフィス(上)は書斎やリビングのような居心地を、デッキを敷いた屋上(下)は憩いの場をイメージした

好まれやすく、あった方がいいのではないかなと思います。

寝泊まりできるオフィス

「居心地のよいオフィス」と並行して「寝泊まりできるオフィス」という企画も考えました。普段から長時間のデスクワークをしていて、ときどき事務所に泊まってしまうような方に向けた企画です。

「寝泊まりできるオフィス」に向いているのは、都心のビルの中にある事務所区画です。利便性は高い場所だけど、あまり大きくない道路に面したビルの、上の方のフロアが狙い目です。バルコニーのように、息抜きができそうなスペースがあると居住性があがるので、より向いています。

都心のビルの1階というものは、何もしなくてもテナントは入るものです。しかし2、3階になると、急に空き室だらけになっているビルはそこそこの割合で存在します。そんな空き室に、シャワーや大きめのキッチンなどがあると、たとえば家族と暮らす家は郊外にあるけれど、毎日は帰っていない自営業の方とか、特定の層に訴えるオフィスに変わるのです。

事例④トウセン本町橋ビル

オフィスにキッチンとシャワーをつけたら、人気物件に変身

「トウセン本町橋ビル」は大阪市中心部にある１９８０年築のビルです。地上９階建の2、3階が貸オフィス区画で、4階から上は賃貸マンションとなっています。空き室だった3階のフロア全体をリノベーションし、概ね50㎡前後、大きいもので60㎡ほどの６つの区画それぞれを本格的な家庭用キッチンと、シャワースペースを備えた多目的賃貸スペースとしました。空間は、無垢のフローリングを敷き、スタンダードな洗面器やキッチンを

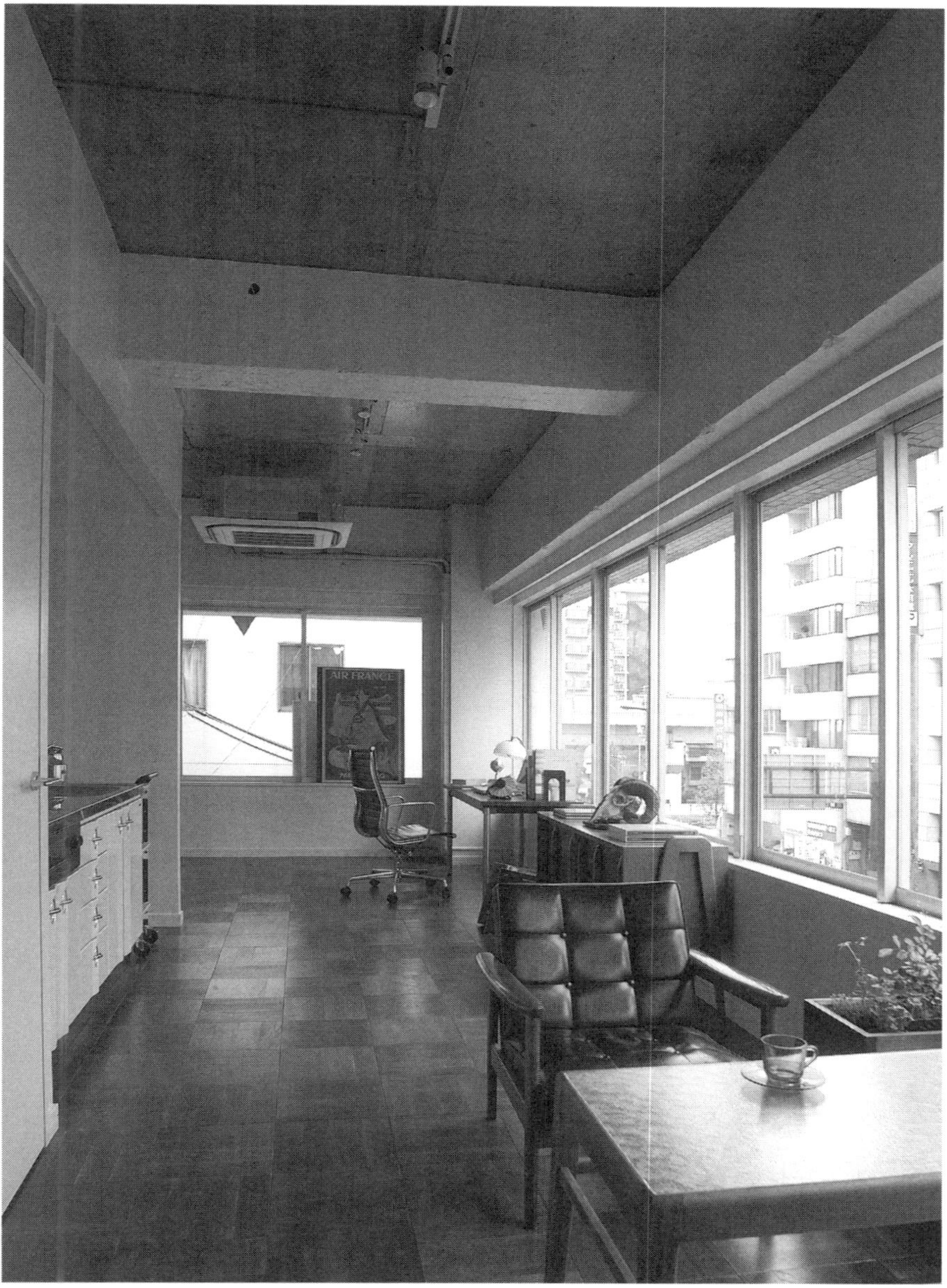

「トウセン本町橋ビル」6つの区画それぞれに家庭用キッチンとシャワースペースをつけた、寝泊まりのできるオフィス

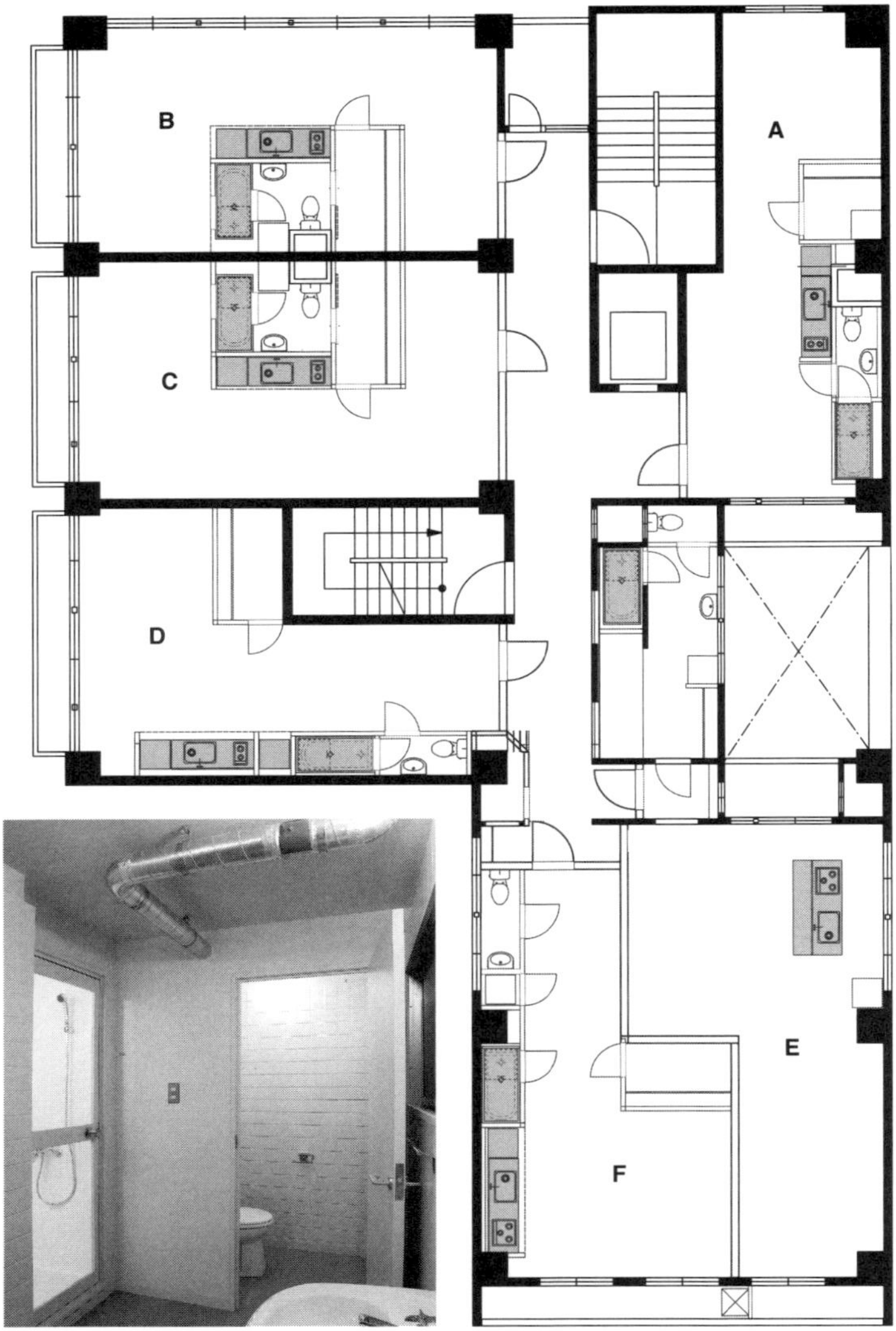

延床面積：約400m^2	構造：鉄筋コンクリート造9階建	建築年：1980年

「トウセン本町橋ビル」3階平面図。各区画にキッチンとシャワースペースを設けている

入れ、オフィスにも住宅にも利用可能なニュートラルなデザインに仕上げました。空き室に悩んでいた区画でしたが、改修を経てかなりの人気物件になりました。「泊まれるオフィス」には、潜在的な需要があったのだと思います。

なお、この建物の登記は事務所でした。そこにキッチンとシャワーをつけると、用途変更の問題が関わってきます。これは行政によって判断は分かれるところですが、大阪市の方に相談したところ、浴槽をつけると住宅扱いにする必要があるが、シャワーならば問題ないと言われました。そこで家庭用キッチンとシャワーをつけるだけならば用途は事務所のままで問題ないと解釈しました。今後働き方の多様化が進むと、このような住宅なのかオフィスなのか判断しにくいスペースは、ますます増えると予想されます。しかし法律が状況に追いついておらず、現在のところは法的に曖昧な状況の中で試していくしかありません。

④企画術〈職住一体型〉――長屋や町家は職／住の比率に注目しよう

〈応用編〉住宅の店舗化・オフィス化で賃料アップ

これまでは居住性を向上させ、オフィスを住宅に寄せた事例を紹介してきましたが、逆に住宅を店舗や事務所兼住宅といった住宅以外の用途へと改修することもしています。

用途を変える最大の意図は、賃料アップです。対象は主に、町家や長屋のような建物の形式そのものが特定の層に響く魅力を持つ物件です。京都の中心部の町家は店舗化されて、ここ20年ほどで随分賃料が上がりました。大阪はそこまで顕著ではないのですが、中崎町や空堀あたりの長屋は店舗化が進み、住むにはハードルが高い物件に変わってきています。長屋や町家は立地次第では、住宅よりも店舗として貸した方が高い賃料が期待できるので、店舗物件への改修をおすすめすることがあるのです。

物件の用途を変えることは、街にも影響を及ぼします。お店ができることで地域の活性化が図られる可能性もありますし、そこが夜になると真っ暗になるような住宅街ならば、夜まで明かりが点いているお店ができることで、防犯効果が期待できるかもしれません。

事例⑤住之江の長屋

職住共存型アトリエ付住宅にして賃料アップ

住之江の長屋は昭和初期に建てられた邸宅風の長屋を改修した物件です。個性的な長屋がたくさん残る大阪市住之江区にあります。１００㎡以上ある2階建で、1階は事務所やアトリエにも使えるように、大きなテーブルを主役としたオープンプランとしました。２階は既存の空間を生かした和室です。

アートアンドクラフトで長屋を改修する場合、残せるところは残すことを意識しています。全体を一新するのは、トイレやバスルームのような清潔感が欲しいところだけに留めます。この住之江の長屋の1階もプランこそ大きく変更しましたが、古建具は徹底的に再利用し、欄間や柱も既存のものを残しました。

この改修方針はオーナーにも、納得いただいていると感じています。オーナーは、このエリアに複数の長屋をお持ちで、これまでは普通にリフォームして募集をかけたり、マンションに建て替えたりしていました。リフォームしたての時はよくても徐々に入居率が悪くなり、賃料を下げざるを得なくなる悪循環に陥っていたので、今までとは違う試みを求めていたのだと思います。

改修後の家賃は10万3０００円で住宅としてはそれなりの賃料ですが、すぐに入居者が見つかりました。結婚

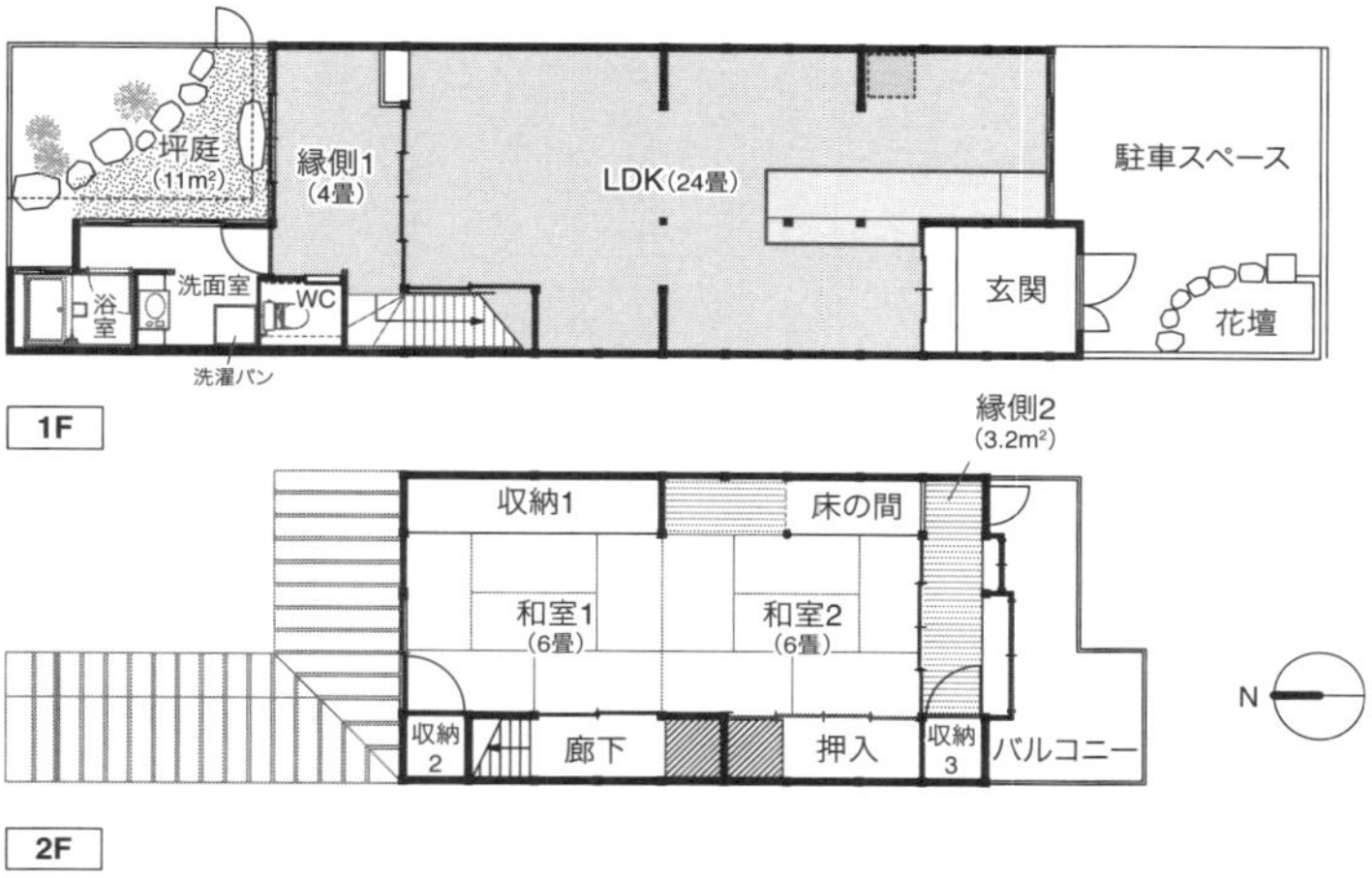

延床面積	1F：$64.1m^2$　2F：$41.8m^2$　計：$105.9m^2$
構造：木造2階建	建築年：不詳

「住之江の長屋」1階の大テーブル。事務所やアトリエとして使えるよう計画した

前のカップルで、女性が服飾デザイナーで家をアトリエのようにも使われるため、広いオープンプランの1階リビングが魅力的だったそうです。長屋のリノベーション物件はとても人気があり、募集をかけると間もなく埋まってしまうことがほとんどです。長屋はそもそも貴重でファンも多いのですが、市場に出ているものには、内部が新しい素材で覆われてしまっている、あるいは手入れがあまりなされていない物件が多く、味のあるパーツを残しながら清潔感や居住性を向上させた、ちょうどよいリノベーションが求められているのかもしれません。

全タイプ同じにするべきか、違うタイプをつくるべきか

住宅でもオフィスでも、1つの建物の中に複数の住戸や区画をつくることはよくあります。そこで判断が難しいのが、全タイプ同じにするのか、いろいろなタイプをつくるかということです。

つくる側から見れば、同じものをつくる方が楽です。しかし販売や募集をする立場にとっては、バリエーションがある方がありがたいのです。人間は3つの選択肢を与えられると、自分に選択権があると勘違いするといわれます。だから選べる状態をつくった方が、決定率は上がります。土間があるかないか、キッチンが広いか狭めかなど、ちょっとした違いで構いません。

またオフィスビルの場合におすすめなのが、広さにバリエーションをつけることです。最初に小さなオフィスを使っていた方が少し手狭になっても、広めのスペースへと移ることができるからです。先ほど紹介した「アイエスビル」でも20㎡から70㎡くらいまで広さの異なるオフィスを設けたのですが、小さいオフィスから広めのオフィスへと館内で引っ越しをされながら使い続けてくださっている方がいらっしゃいます。

事例⑥東大阪の長屋

三者三様のリノベ長屋

「東大阪の長屋」は、それぞれ約45㎡の3軒並びの長屋を、貸し家としてリノベーションしたものです。3戸の間取りや仕様は、元は同じだったようですが、傷みや設備の状況、増築の内容が違ったので、どこまで既存の要素を残し、設備をどう更新するかということも、それぞれ変える必要がありました。

北住戸は天井高を生かしました。室内で屋根勾配を見せるようにして天井にファンもつけました。中住戸は状態がよかったので既存の仕上げを生かしました。南住戸は入ってすぐにある大きな土間とキッチンが特徴です。

ターゲットはカップルか若い夫婦で、普通のマンションに飽きてきて、個性的な物件を求めているという設定でした。庭付きでペット可という貴重な条件も相まって、募集をかけて間もなく満室になりました。3組中2組がカップルで、1組はペットを飼われている方でした。また、大きな土間キッチンのある住戸には料理好きの女性

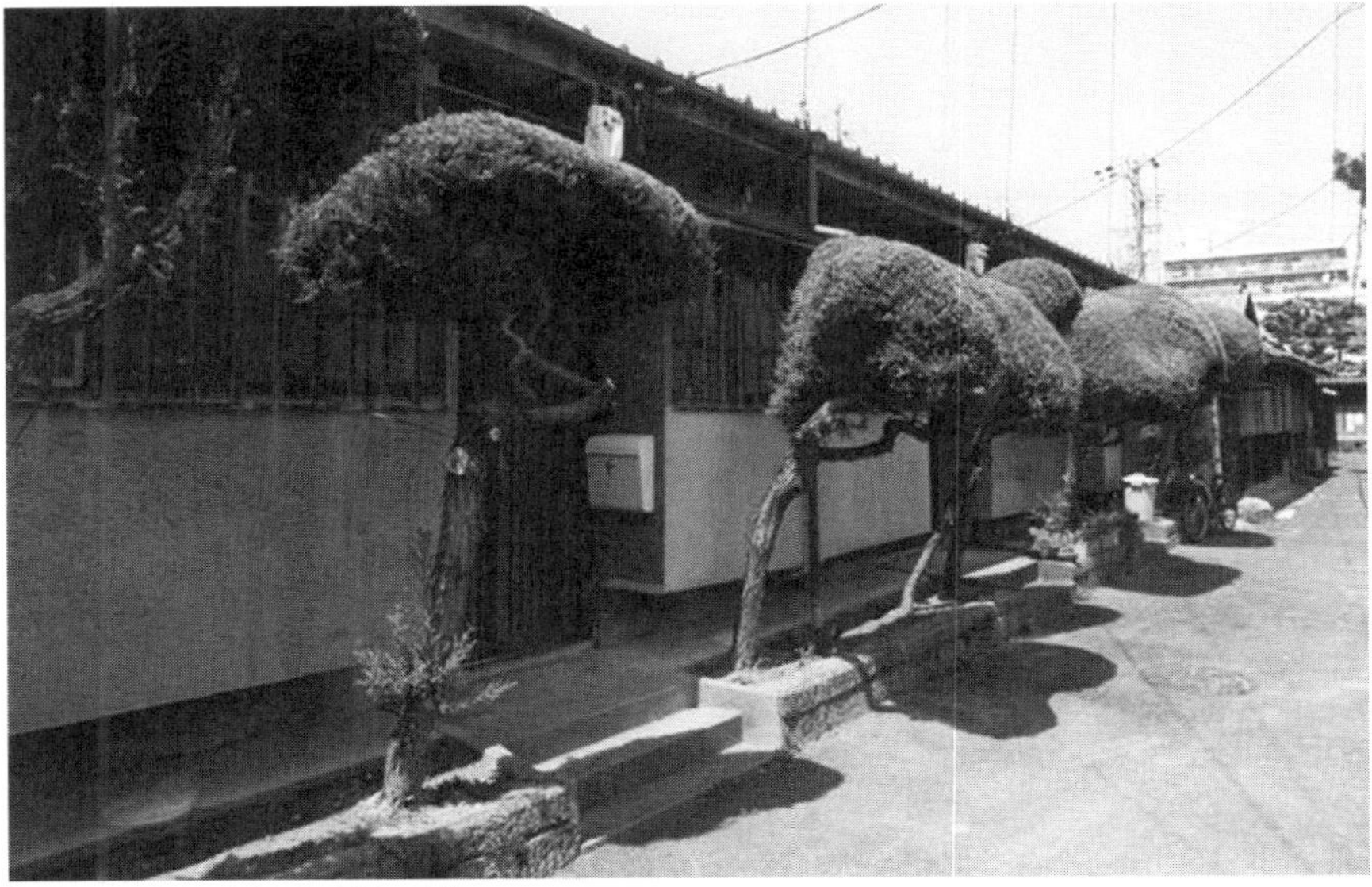

「東大阪の長屋」3軒並びの長屋の改修

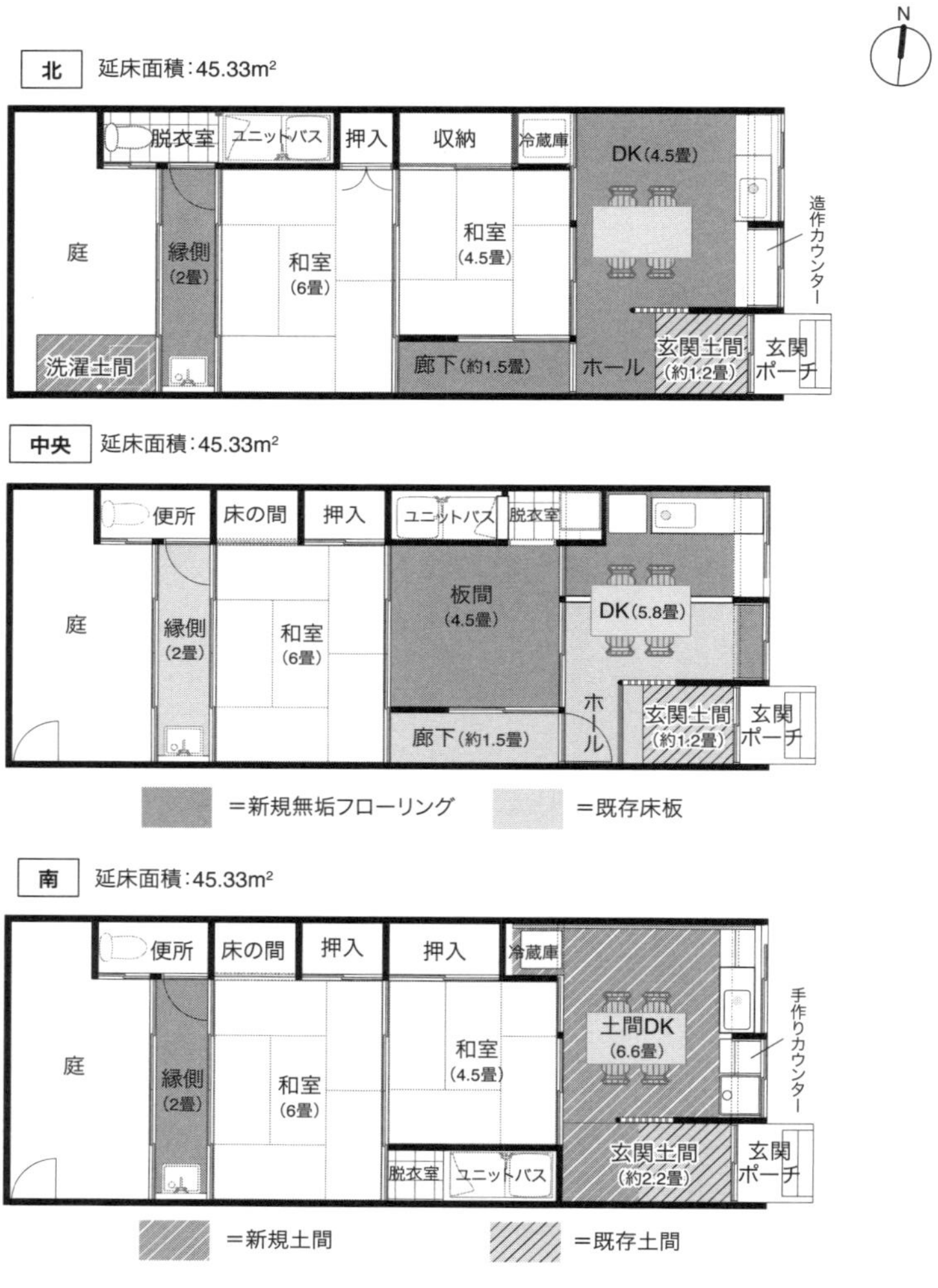

構造：木造平屋建	建築年：不詳

「東大阪の長屋」平面図

が入居しました。

⑤ 企画術〈応用編〉①——DIY希望者をターゲットにする

DIY希望者は意外と多い——原状回復を不要にする

ほとんどの賃貸住宅は、入居者が入れ替わるタイミングで、オーナー負担で原状回復工事をします。このときかかる費用の相場は20〜30万円です。だから僕らが仮に200万かけて2DKの部屋を改修しましょうと提案すれば、個人の所有者からは「そんなに安いの⁉」という反応が、一般的なオーナー業の方からは「そんなにかかるの……?」という反応が返ってくるはずです。

では入居者にとってはどうでしょうか。20〜30万円を使ってビニール製のクロスが壁一面に貼られてしまうというのは馬鹿げていると感じる方も多いのではないでしょうか。いっそ、そのお金を使って自分たちで改修させてほしい、という方もいらっしゃるかもしれません。自分の住まいは自分でつくりたいというニーズは確実にあります。個人住宅のリノベーションを依頼くださる方には、「賃貸住宅では好きに改装できないから、家を購入してリノベーションすることにした」とおっしゃる方もたくさんいます。

そこで、こんな仕組みを試しました。

事例⑦ APartMENT toolbox図画

原状回復の代わりのDIY50万円オプション

1章で紹介した、元鉄工所の社宅をリノベーションした賃貸住宅「APartMENT」には、入居者が部屋をカス

内装建材のオンラインショップ「toolbox」でセレクトされた金具や床材の展示風景。入居者はここから最大50万円分購入することができる

タマイズできる区画が2つあります。

これは内装建材のオンラインショップ「toolbox」とコラボレーションした企画です。入居者には、「toolbox」でセレクトされた内装建材を最大50万円分購入する権利がプレゼントされます。入居後にそれらを用いたＤＩＹで、内装をカスタマイズできます。初期状態では床は合板仕上げで、フローリングを貼ることもできます。壁は下地を残しており、入居者はそこにペンキを塗ったり、棚をつけ加えたりできます。toolbox商品を用いたカスタマイズは、原状回復不要です。次の入居者に引き継がれ、さらにカスタマイズが重ねられる仕組みになっています。

ちなみに無垢のフローリングやモルタルの床は、イニシャルコストはかかりますが、結局は原状回復にかかるお金を削減できると思います。無垢のフローリングは削ればきれいになりますし、そのまま次の住み手に渡すことも多いです。無垢材の汚れは気にならないという方が多いからです。壁もクロスにすると、入居者が出入りするたびに貼り替えになることがほとんどですが、クロスではなくペイントにすれば、そこまで頻繁に塗り替える必要はありません。意外とリノベーション物件の方がランニングコストは安いのではないかと思っています。

⑥ 企画術〈応用編〉② ――テナントのイメージを明確に持つ

どんなテナントが入るかで、物件の価値はかなり変わる

建物の魅力や特徴を決定づけるものは、建物のハードに限りません。1階にどんなカフェが入っているか、どんな業種の事務所が入居しているのかといったことからも、建物のカラーは生まれます。

アートアンドクラフトでは、デザイン系の事務所やスタジオ、食事や空間にこだわりのある飲食店、ライフスタイル系のショップなど、いわゆるクリエイティブ層をターゲットとして企画をすることが多いです。空間に対する感度が高い入居者はリノベーション物件との相性がよく、また彼らのセンスが建物の価値を高めてくれるからです。

クリエイティブ層を引きつけるために、お客さんを招きやすく打ち合わせなどができるカフェを誘致したり、仕事熱心でオフィスでの滞在時間が長いことを想定して、気持ちよくくつろげる場所を設けたりします。

趣味のよい入居者が入っているとその次に、すでにあるカラーと調和する入居者が入ってきて、良循環が生まれます。したがって最初の入居者が肝心です。オーナーは申し込んで来た方をすべて受け入れるのではなく、目指しているコンセプトとずれている場合は、断る勇気も必要です。

もちろんクリエイティブ層以外にも、さまざまなターゲット設定がありえると思います。最終的には入居者が集まり、そこを訪れるお客さんに喜ばれればいいわけです。たとえばカレー屋ばかりを集めた〝カレービル〟などもありえるでしょう。カレー屋は臭いを出すので、普通の区画に入居させてもらえないことが多く、ビルの地下などに詰め込まれてきました。最近はスパイスにこだわったカレー屋なども増えていますから、ラーメン横丁のような形式で集めると、うまくいくかもしれません。

事例⑧新桜川ビル　多様なテナントに入ってもらうことでビルの厚みが増す

1章で紹介した、1958年生まれのモダニズム建築を事務所、店舗、アトリエ兼住居にリノベーションした「新桜川ビル」では、1、2階にさまざまな業種の入居者が入ってくれました。写真スタジオ、食堂、ショットバー、

「新桜川ビル」には花と香りのショップ（上）や食堂（下）のほか多様なテナントが入っている

金魚屋、花と香りのショップ、リフレクソロジーサロン、クリエイタースクール、コーヒーショップ、器屋です。ほとんどのテナントには、大阪R不動産を通じて応募いただきました。こちらから声をかけて誘致したテナントはありません。申し込みをいただくとき、どんなことをされているのか資料などを見せていただき、ビルのコンセプトに合うかどうかを確認しました。またテナント構成のバランスを取るために、かぶる業種のテナントを入れないことには注意しました（78〜79ページ参照）。

ちなみにここの1階には元々「がばちょ」という深夜営業の居酒屋が入っています。主な客層は、ミナミで夜のお仕事をしている方々です。その業界では有名なので、「新桜川ビル」を〃がばちょのビル〃と認識している方も多いです。新しく入ったテナントさんたちとは明らかにミスマッチなのですが、こういうお店が残っている方がいいと思います。新しい、おしゃれなテナントが入っているだけでは出せない、街の歴史や文脈に根ざした多面的な魅力が物件ににじみ出るからです。

オーナーインタビュー　鶴身印刷所　鶴身知子

印刷所の建物を引き継いだ私が、大家業について考えたこと

プロフィール▶鶴身知子　メーカー勤務後、セラピストとして活動。2015年に「鶴身印刷」を引き継いだ後に、印刷業を廃業。2018年4月にリノベーションし、竣工した「鶴身印刷所」オーナーとして不動産経営を行っている

倒れた父から引き継いだ印刷所

「鶴身印刷所」（64ページ参照）は小規模なオフィス、工房、店舗、ワークショップ、セミナースペースが混在する複合施設です。コーヒーの焙煎、古本屋、花のアトリエ、シルクスクリーン印刷、木工クラフト、彫金アクセサリー、映像作家、カメラマン、蝶ネクタイデザイン、スポーツウェアデザイナーといった、さまざまなモノづくりに携わる方々が入居しています。JRの線路脇にあって静かな環境ではないので、それを逆手に取って、音の問題で入居を断られがちな業種の方にも入っていただいています。床材や壁の色などのカスタマイズもできて、今日もカメラマンの方がDIYで床張りをしています。「講堂」と呼ぶスタジオや教室として使うスペースと2層吹き抜けの大きな広間など、共用部も充実していて、私は全体を管理するかたわら、

そういったスペースで古道具市やワークショップなどの企画も行っています。

元は私の曽祖父が戦後立ち上げた印刷工場で、ニッカウヰスキー様のラベルなどを印刷していました。1階は印刷機が並ぶズドーンと広い空間で、2階は当初みんなの住まいでした。最盛期には曽祖父母、祖父母、祖父母の兄弟、父とその兄弟、住み込みの方ふくめて20人弱の人々が住んでいて、夕飯が3回制だったそうです。京橋駅に近いので、あたりはマンションが立ち並ぶ住宅街ですが、そうなったのは最近のことで、以前は工業地帯だったそうです。以前は裏手に別の印刷所がありましたし、隣も鋳物屋さんでした。今も近くにレンガ工場や建材屋さんが残っています。

物心ついた頃の私にとってここは「おじいちゃん家」でした。ハイデルベルクという黒光りする大きな印刷機があって、それが幼い私には怖いと感じた記憶があります。14歳のときにこちらに移り住んだのですが、古いし2階も物が多いなあと、その頃もあまりポジティブに捉えてはいませんでした。思い出深い場所ですが身近すぎて、特別よい場所だとは思っていなかったのです。でも、のちに私は奇しくも瓶の塗装会社に就職し、父がラベルを納品するニッカさんに私も塗装品を納品することにもなり、縁を感じました。

やがて勤め先が会社を畳むことになり、それをきっかけに、私は以前から興味のあったセラピストになるための勉強を始めました。ところがその矢先、父が倒れたのです。2015年のことでした。父と工場長が運営する印刷所は、すでに従業員をかなり減らしていました。今の印刷業界は、コストやスピードが優先されます。そこで競争するだけの企業体力はなく、事業継続は難しいと判断し、まずは私が会社を継ぎ、印刷業を廃業しました。

アパート経営より、ものづくり拠点の管理人を選んだ理由

廃業したものの、印刷所をどう使えばよいのだろうか、父を介護しながら、どうしたらうまく生活していけるのだろうかと考えました。いろんな方から話をもちかけられました。最初に勧められたのは、印刷所を建て替えて

賃貸アパートを経営することです。Ａ社には、「木造で低価格で建てられ、事業を変えたいときには簡単に壊すこともできます」と言われました。私は、建物をまるで消費の対象のように捉えているその案に、全く興味が持てませんでした。Ｂ社には一般的な単身者向けワンルームマンションを提案されたのですが、（部屋数は１フロア約14室）隣同士で知り合うこともなく、交流もないんだろうなと、あまり面白く思えませんでした。Ｃ社からは、３階建ての12室で、リタイヤ世代やＤＩＮＫＳ向け、１部屋の平米数を大きくして、賃料も高めに取る、という提案をされました。付加価値が高く、所得の高い人向けと、ターゲット層が明確でしたが、やっぱり「なんか面白くない」と思ってしまったのです。誰かが入居して、その家賃が入って来るだけの社会とのつながりになるというのが、腑に落ちなかったのです。

とはいえ何をすればよいのか、アイデアはなかなか沸きませんでした。２０１６年２月頃、たまたま私が印刷所の行く末を相談した建設会社さんから、第２工場を使ってアートイベントをしたいとの提案を受けました。第２工場は鉄骨造の昭和30年代生まれの建物で、暗くて汚かったのですが、そのイベントではとても温かい雰囲気に変わりました。イベント運営者の方が事前に、工場長の話を聞く会を開催してくれて、集まった方々が「古い机がいい」「この工具がかっこいい」と私から見たら当たり前のものを、前向きに評価してくれました。そのことをきっかけにイベントの方向性も、鶴身印刷所にフォーカスしたものになって、１日の開催で６００人ものお客さんが来てくれました。

こうした経験から、建物を基盤に私たちが社会に発信したり、還元できることはないかと思い始め、そのためには、リノベーションという方法がふさわしいのではないかと思うようになりました。

プロの反応
――アートアンドクラフトに依頼した理由

「リノベーションをするならここに相談したらどうか」と知人２組からアートアンドクラフトさんを勧められ、２０１６年11月ごろにメールで連絡しました。リノベーションの会社には住宅を扱っているところが多いのですが、アートアンドクラフトさんのホームページを拝見したところ「銭屋本舗本館」「APartMENT」といった大きな建物も扱っていたので、頼りになりそうだと感じました。

まずアドバイザーの方が1人で来られ、すぐに「建物のポテンシャルをビシビシ感じてとても興奮しました」というアツいメッセージと共に、ぜひリノベーション提案を考えさせてほしいというメールをくださりました。そして他のメンバーたちにも見せて作戦を練りたいと、後日、設計や広報などさまざまなお仕事をされている方々も来てくれました。

その頃はまだやりたいことが漠然としていたので、具体的な希望は伝えずに、建物の状況から提案をいただきました。最初の提案は、今よりたくさんの事務所区画＋交流スペースにリノベーションするというものでした。10年間何もせずに固定資産税だけを払いつづける場合と、きちんと投資して改修した場合での収益性をあらわした比較表と、改修例の写真を添えてくださったのでイメージが湧き、これならやってみたいなと、2017年4月に正式にお願いすることにしました。

設計は、やりたいことのイメージを固めるプロセス

その頃から私は「ハウジングコーチ」という、家づくりをされようという方への空間づくりのアドバイザーをしている建築士の友人から、鶴身印刷所をどんな場所にしたいのかイメージを確立するコーチングを受け始めました。彼女がくれる質問に答えていくなかで、「ものづくりをしている人たちに使ってほしい」「学校がしたい」「1階はにぎわっているけど、2階は静か」などと、イメージが固まってきました。

一方で、アートアンドクラフトさんとも2017年11月の着工まで半年間ほどの間、1ヶ月に2回ほど打ち合わせを重ね、空間、技術、経営面でコンサルティングしてくださる方に、とにかく思いを伝えるということをつづけました。ある案の場合、セラピーの教室などを開く時間貸しスペースが1階にありました。でも2階の足音が1階に結構、響くので、静けさが重要なセラピーでこ

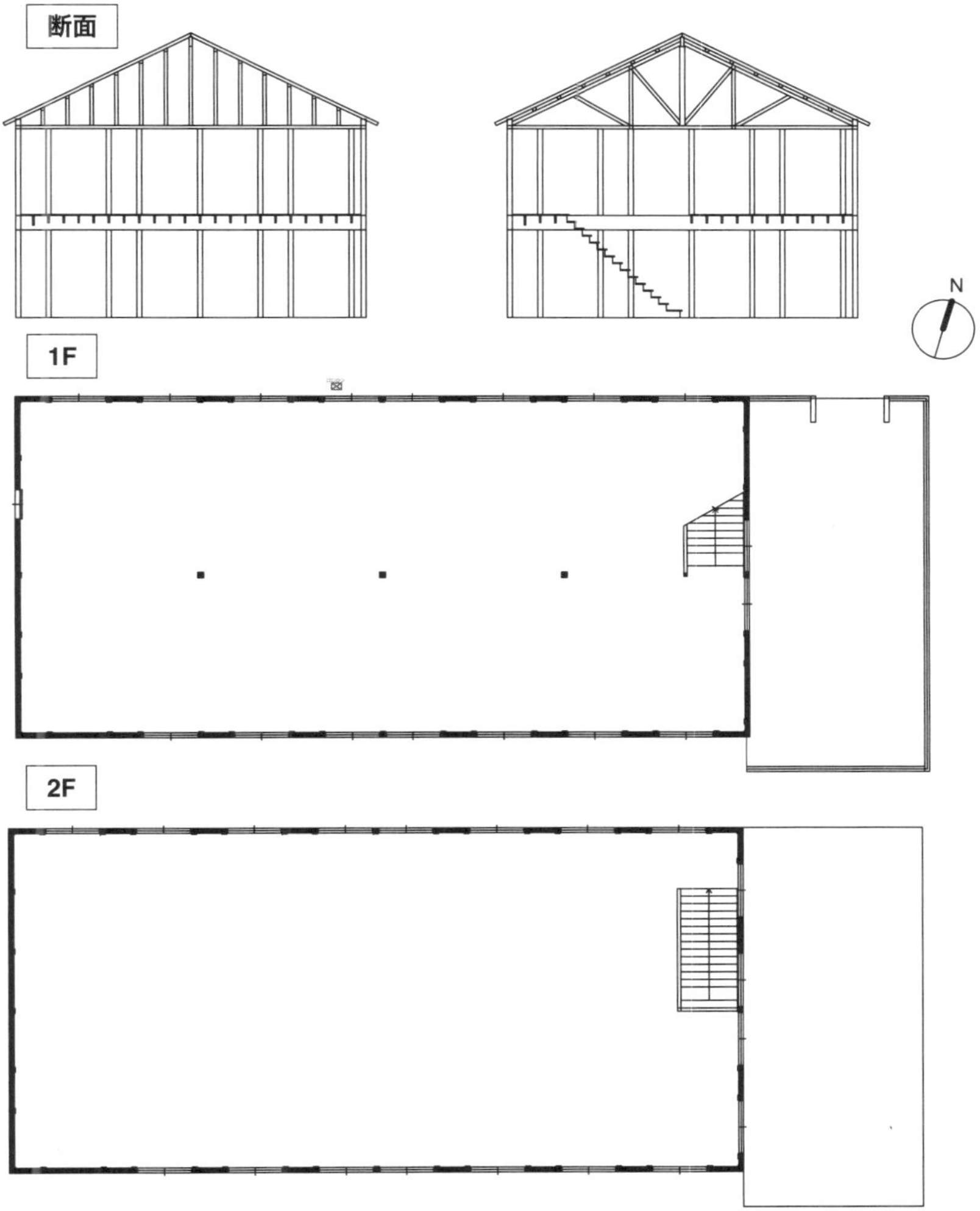

「鶴身印刷所」平面図（改修前）

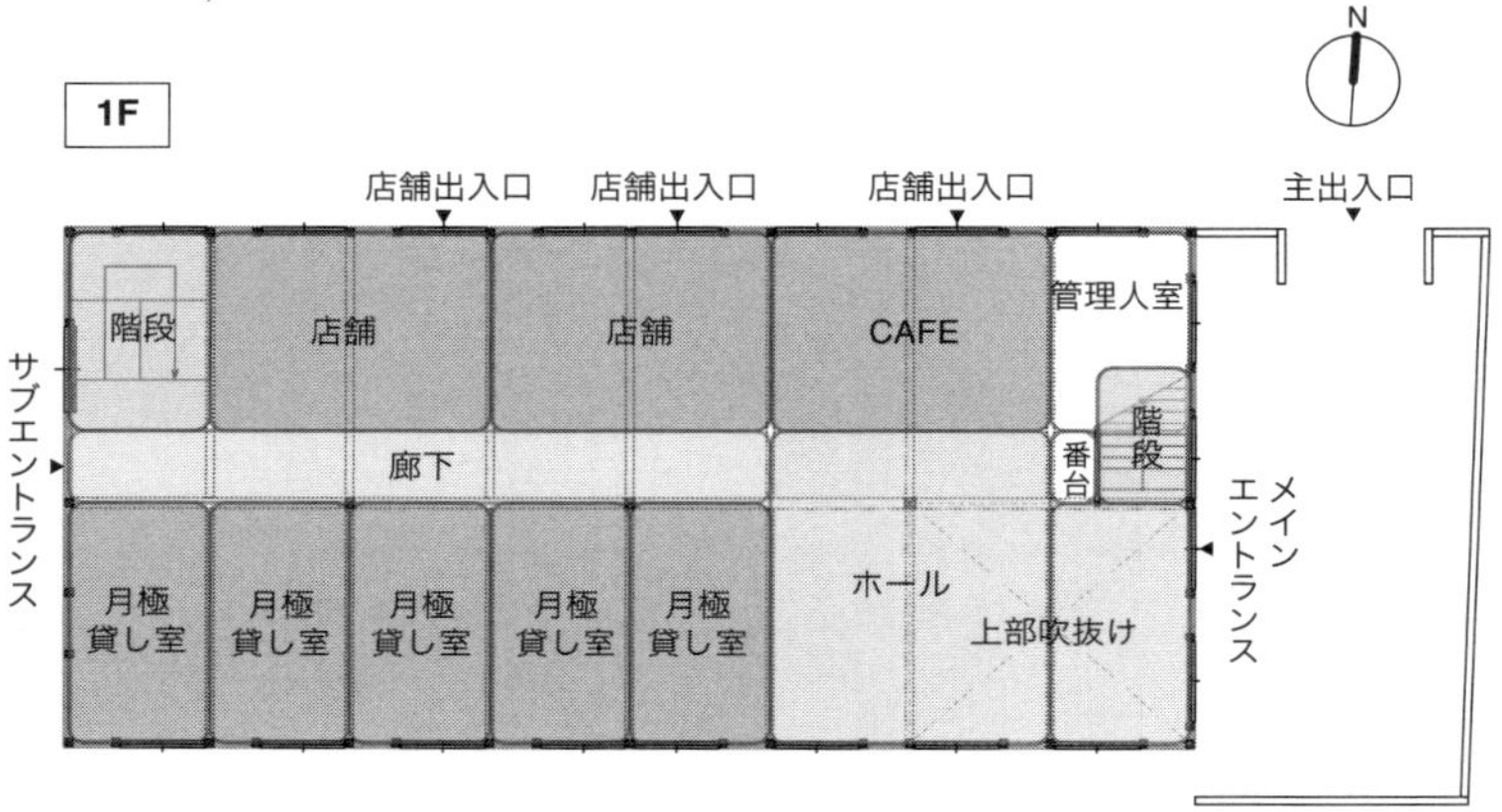

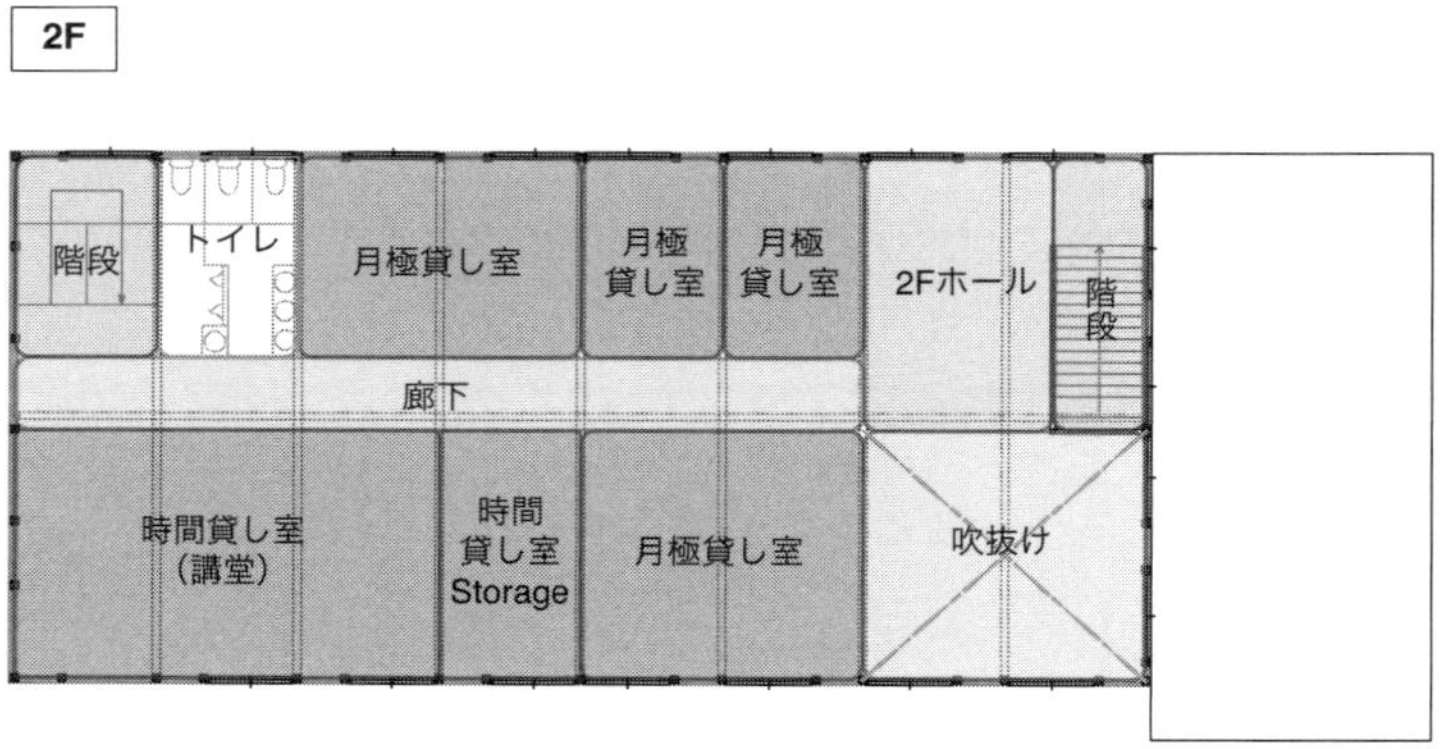

改修提案初期の一案（B案）。店舗・オフィスの部屋数は多いが共用部や吹抜けが小さくなる

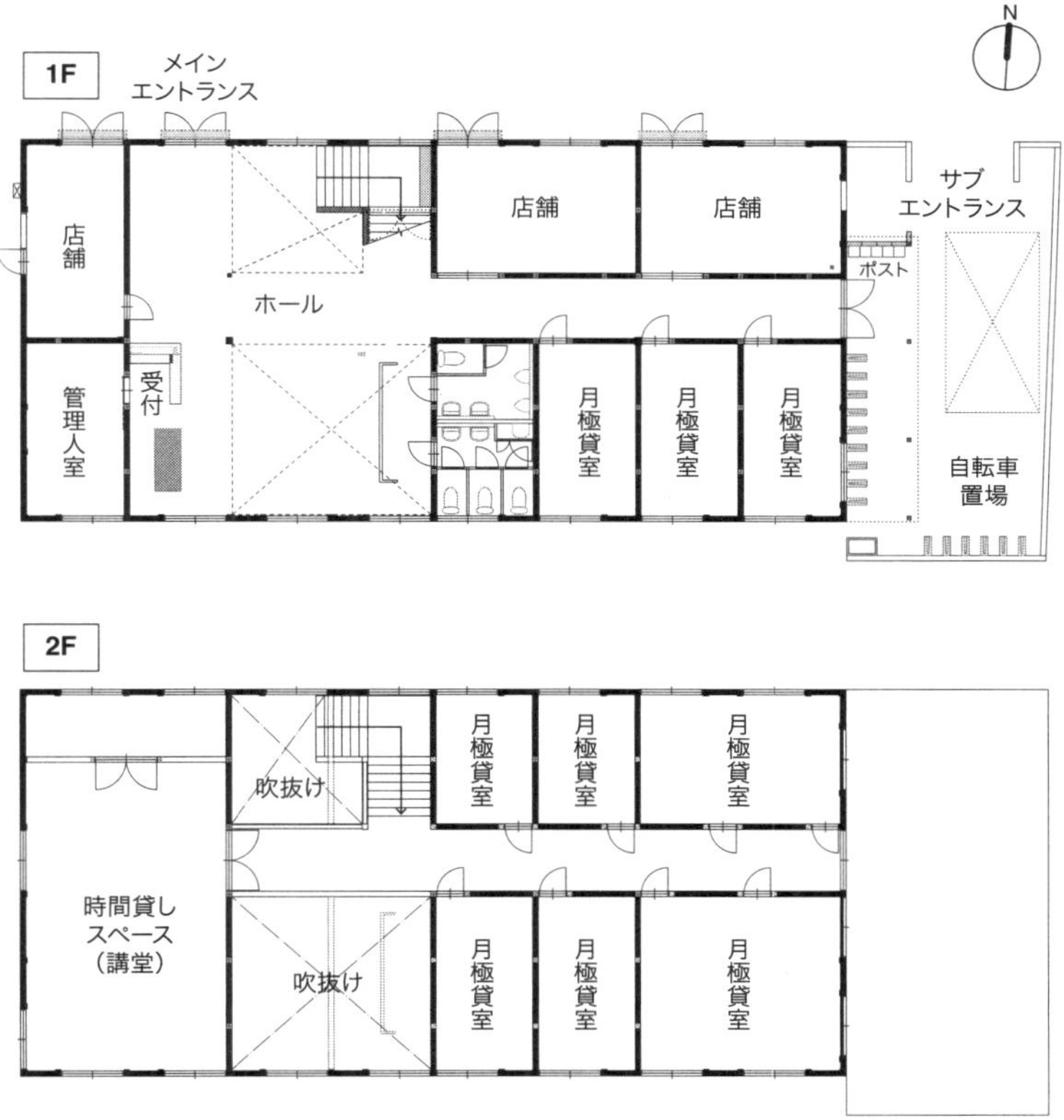

延床面積	1F：226.48m^2　2F：188.39m^2　合計：414.87m^2
構造	木造
建築年	不詳

「鶴身印刷所」平面図（改修後、「ウルトラ D案」）。木造トラスを生かした大空間のホールを設け、吹抜けによって月極貸室と時間貸室を分離した

の配置には問題があると気づき、上に持っていけないかと伝えました。また人が集まれるカフェのような場所がほしいとは思っていたのですが、自分の場合はいわゆる飲食店に入って欲しいのではなく、日替わり店長のような方に場所を貸し出して、動きのある場所にしたいのだとわかってきて、それに適した空間を考えてもらいました。

そうこうしていくうちに、私が「ウルトラＤ案」と呼ぶ最終案が出てきたのです（129ページ参照）。その案では、私の希望がすべて叶っていました。特によかったのは2階です。時間貸しスペース「講堂」と事務所区画を吹抜けでわけて、渡り廊下でつなぐ、立体感のあるプランです。それぞれの部屋（貸室、貸店舗、時間貸しスペースなど）が、独立しながらも、建物全体として調和していると思いました。自分がそこを歩くことを想像したら、ワクワクしました。

『めぞん一刻』の響子さんのような管理スタイル

プランを検討するのと並行して、管理や運営のことも考えました。初期段階からたびたび聞かれていたのが「管理会社を入れますか？」ということです。管理を人まかせにして家賃が口座に振り込まれてくるだけではつまらないとはずっと感じていたのですが、徐々にその理由がわかってきました。私は入居者の方々とお話をしながら、ものをつくり上げていくお手伝いがしたかったのです。そこで「自主管理にします。イメージはマンガの『めぞん一刻』（高橋留美子による１９８０年代を代表するラブコメディ。一刻館という古いアパートを舞台に管理人の音無響子と住人の五代裕作の恋愛模様が描かれる）に出てくる響子さんです」と伝えました。偶然にも『めぞん一刻』は設計を担当した方のバイブルだったそうで、

『めぞん一刻』。1980年から連載が始まった

それを伝えたときには顔を真っ赤にして笑っていました。設計の方の胸の扉が開き、イメージがバシッと伝わったと感じた瞬間です。

実際に入居者の方が入ってきて、思い描いたような日常になりました。私は『めぞん一刻』の響子さんのように掃除もしていますし、それを入居者さんが手伝ってくださることもあります。共有の自転車を用意することを提案したときには、家に1台あるので持ってきますとある入居者の方が提案してくれて、運送には別の入居者の方が車を出し、自転車用の空気入れまで提供してくれました。こんなふうによい感じの交流があって、クリエイター同士の話も交差するので、大家としてはすごくうれしい状況です。

募集をかけたら希望者殺到！
驚異的なペースで区画が埋まる

募集をかけてから1ヶ月で11区画中6区画が決まり、大阪R不動産の担当者さんから「順調すぎます！」と

入居者会議のようす

いわれました。1年くらいかけて半分埋まるくらいかなと気長に捉えていたのですが、思いの外たいへんな反響をいただいて、本当に驚いています。私が好き放題したこの空間で、本当によかったのかなと思っていたのですが、みなさん温かい雰囲気がよい、静けさがよい、新旧混ざっているところがよいと共感してくださいます。私はこれから何かを始めようとする方を応援したいと思っていたので、そういう方が集まってくれて本当にありがたいです。はじめての管理業で入居を希望してくださる方々の審査などは未経験ですが、大阪R不動産の担当者さんが、どんな方に入って欲しいと考えているのか、私の希望を汲み取ってくれて、また「こんなときはお断りしても大丈夫ですよ」などとアドバイスしてくれているので助かっています。

アパート経営で勧められたプランのなかには、かなりの借金をして8階建の大きなマンションを建てるような計画もあったのですが、それは現実的ではないと思っていました。アートアンドクラフトさんからは、過剰な投資はせず7~8年目には事業費を回収できるスキームで、その範囲でよい場所をつくり、等身大の経営ができる方針で提案をいただきました。

2016年にアートイベントをしたときに「何か社訓はないのですか」と聞かれたので探したところ「損得だけを考えて行動すると、人間であることの尊さを失う」と書かれた額が出てきました。見つけたときは泣きました。曽祖父が起業したのはお金儲けが目的ではなく、戦後、工場が焼けて印刷ができず困っていた人たちから何とかしてくれといわれ、始めたのだそうです。現在はこの鶴身印刷の理念も継承し、入居者の方々の協力もいただきながら、人や社会と関わる大家業の形が見つけられつつあるのかなと思っています。

3章

設計術

——デザインにもテーマを一貫させる

①テーマを貫きつつ隅々まで居心地よく設計する

設計は企画段階で100％決まっている

実は設計は、企画の段階でほぼ100％決まっているといってもよいかもしれません。なぜならリノベーションのテーマやテイストからコスト、利回り、広報戦略までさまざまなことを企画段階で決めておくからです。大まかな平面計画も、企画段階でまとめてしまいます。そして設計をする際には、照明や床材ひとつを選ぶにも、必ず企画を根拠とします。

なぜ企画を根拠とするのでしょうか。それはブレないためです。あらかじめ骨太な企画をつくっておかないと、設計の段階で、出てきた提案や打ち合わせの内容に対しての良し悪しを論ずることになって、方針がブレてしまうことが多々あります。関係者が集まる打ち合わせの場では細かい話になると、以前決めたことを忘れてしまい、目の前の色をどうするかということが気になってしまう人もいます。企画で決めたテーマやテイストと異なる突然の提案が設計の段階で入ってもコンセプトがグラつくことがないように、しっかりした企画を詰めておくことが大事なのです。

骨太な企画ができているとブレずに設計を進めることができ、結果として建物のデザインにも筋が通ります。特にコストの企画は重要です。リノベーションにこれだけのお金をかけて、家賃をいくら上げて、何年で回収しましょうと決めておくと、設計段階で仮にオーナーが迷ってしまっても、「ここにこんなにお金をかけたら、回収に時間がかかってしまいますよね」「そこでお金をケチったら、賃料をそこまで上げられません」などと指摘して企画で決めたことに話を戻すことができるので、ブレにくくなります。

残すところを見極め、〝リノベ感〟を出そう

リノベーションの設計には、残す部分と改める部分の見極めがつきものです。アートアンドクラフトの場合、単純に耐用年数などで判断することはありません。1つの照明、1つのドアノブとか、オフィスビルならば小さな集合ポストといった部分にフォーカスして、そこからコンセプトや設計を考えることもあります。

全体に手を入れるとお金がかかり、最終的に投資の回収にも時間がかかってしまうので、残す部分と改める部分のいいバランスを意識して、丁寧に設計するようにしています。オーナーには、リノベーションすれば全体がきれいになると思われる方も多いのですが、うちでは古い壁や天井面などを残すことも積極的にしています。逆に水回りは一新することが多いです。清潔感と利便性は、現代の基準に合わせることを優先させるからです。ただし洗面器やトイレのタンクなどは、部分的に使いまわすこともあります。

世の中には、リノベーションを謳い文句にした物件なのに中はツルピカに一新されてしまって、がっかりさせられることもあるようです。アートアンドクラフトではそうならないように注意していて、社内では〝リノベ感〟がなくなっていないか、つまり元の建物のよさが引き継がれているかどうかという話をよくします。

〝リノベ感〟は、床材など仕上げに元のものが使えると、うまく出すことができるのです。しかし構造や設備を更新する都合、床や壁はつくり変えなくてはならないことも多いです。その場合、建具などの部分に頼ることになります。ホテルなどの場合は消防法への対応などから建具も残せず、最後は家具で〝リノベ感〟を出すこともあります。

デザイナーズ長屋は失敗する

ホテルなどにありがちですが、ゴージャスでラグジュアリーな雰囲気にすればお金が取れる物件になるから洗面器や鏡を大きくして、デザイナーズ系のスタイリッシュな空間を演出しようという考え方もあります。しかしそれが有効かどうかは元の建物次第、ゴージャス路線のリノベーションに向いていない建物もあります。たとえば〝デザイナーズ長屋〟は失敗すると思います。1章で紹介した「池田の長屋」を手がけたとき、オーナーは当初かっこいいバスタブを入れたいと言っていましたが、お金もかかるし、そもそもそれはお客さんに求められているものなのかな？　と疑問に思いました。実際に改修前の長屋を若い方たちに見てもらったところ「（長屋のリノベーションは）元に戻す感じでいいんです」と言われたので、僕らの感覚は間違ってなかったと確信しました。その頃長屋住まいに興味を持たれる方というのはナチュラル、オーガニック系のライフスタイルの方が多かったのですが、そういう方とデザイナーズ系のツルッとしたアイテムは相性が悪いわけです。

最近は世の中全体として空間に対する感度が上がり、ゴージャス以外のさまざまな尺度の価値、たとえば希少性や居心地のよさなどに対してもお金を払う感覚が出てきて、さまざまな方向性のリノベーションが受け入れられつつあるように感じます。

居心地のよさは現場からしか設計できない

新人には、リノベーションは現場で考えろということをよく言っています。自分自身もデベロッパーでマンションを設計していた頃、新築なので仕方ないのですが、現場にいかずに設計すると机上の提案になりがちでよくないと痛感していました。幸いリノベーションは現場で考えることが可能です。現場に行ってみると、間取りや生活スタイルに対する既成概念が外れることがよくあります。そして間取り指向から居心地のよい空間を追求する方向へと近づいていくんです。光や風、眺望を実感し、どこで寝たいかな、ここは何に使おうかなと考えながら設計していくと、身体感覚に寄り添った空間ができると思います。

たとえば2章でも紹介した「粉川町のアパートメント」（96・166・179ページ）は女性のベテラン設計者が担当したのですが、現場で日当たりや見晴らしのよさを感じながら考えた空間だと思います。

②設計術〈基本チェック〉——インフラや構造・法規は企画前に情報収集

企画における、設計の役割

設計の仕事は、企画段階から始まっています。企画段階での設計担当者の役割は概ねこのような内容です。

①調査　既存の建物のインフラや構造を確認する
②法規チェック　関連法規の確認
③企画設計　見積が可能なレベルまで基本設計をまとめる

この他にも毎週の会議を通じて企画のコンセプトに対して意見やアイデアを出すなど、企画には密に関わっていきます。

基本チェック① まずはインフラをチェック

まずは企画や設計のために必要な情報収集をします。特にインフラは現状がわからないと、修繕や配線のし直しがどれだけ必要で、設計にどのように反映させるべきか、そしてどれだけお金がかかるのかもわからないので、早い段階で確認します。

設計担当者はまず、水道、ガス、電気、テレビ、電話、ネット環境などの設備インフラを調査します。何号のガス給湯器がついているか、電気の引き込みの太さはどうかなどと細かく確認します。これがたとえば住宅としては需要がないけど店舗ならば人気物件になりそうだと思われる場合、住宅と店舗では必要なインフラが違うので、変更が必要です。オフィスの場合も、既存の区画を小分けにした方が借り手がつきそうならば、電気や水道を分けていく必要があるので、どう引き込まれているか、容量はどのくらいあるかなどを確認します。

基本チェック② 耐震補強は「松竹梅」で検討する

続いて損傷具合を確認します。別途依頼をもらった場合は職人と道具を用意して詳しい調査をしますが、最初の段階では目視でできることをします。

まずは主要構造部といわれる壁や床、柱、梁などに損傷がないかを確認します。アートアンドクラフトが対象としているエリアは阪神淡路大震災を経験している建物が多いので、たとえば鉄筋コンクリート造の建物ならば、「せん断ひび割れ」などの地震力がかかって起きたひび割れが、柱や梁などの主要構造部に入っていないかを確認します。それで損傷していなければ、最低限の耐震基準は満たしているのではないかと判断します。

次に損傷具合に応じて対策を考えます。対策をしようとするほど費用がかかるので、「松竹梅」のように対策と費用を整理した一覧表をお見せして、オーナーに選んでもらいます。ほとんどのオーナーは竹か梅を選びます。なぜならば空き室が多い物件をなんとかしたいなど、切迫した状況にあることがほとんどで、構造にそこまでお金をかけられないからです。だから「頭が重そうなので、瓦屋根を金属屋根に葺き替えて軽量化することで耐震性を向上させる」「床を下地から張り替えて面剛性を高める」というような、実際の耐震性能がどれほど向上するのか数字で示すことはできないけれども、ある程度の効果が見込める対策を施すことが多いです。社内で統一している大原則は、元の建物より強度が高まる改修しかしないこと。もし安全性に不安が残るようならば「ここはちゃんと直しましょう」などと促し、予算と相談しながらも、

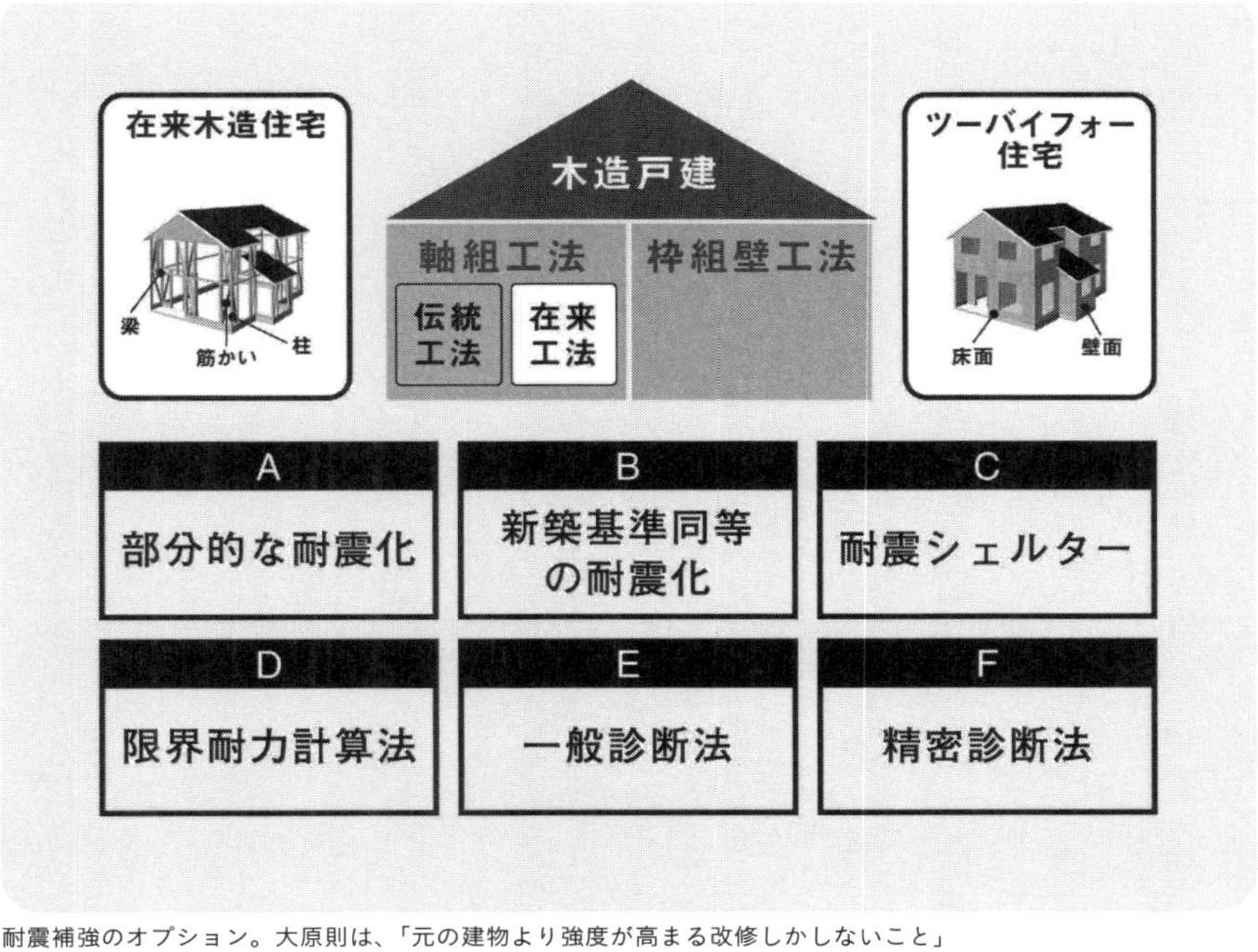

耐震補強のオプション。大原則は、「元の建物より強度が高まる改修しかしないこと」

できる限りの対策を行うことを大事にしています。

基本チェック③　マンションではスラブ厚もチェック

マンションの場合は、スラブ厚、つまり床のコンクリートの厚さを必ず調べます。マンションは上下階の音がトラブル要因になりやすいからです。防音規定があるマンションで、スラブ厚が１５０㎜以下の場合、フローリングはおすすめできません。その場合はカーペットなど、防音規定にかからない仕上げ材を使います。スラブ厚は建設年代よりもマンションの業者によって異なるもので、稀に１２０㎜しかない建物もあります。スラブ厚は、管理組合から竣工図書（施工時の図面や計算書等の資料）を借りて確認します。そこにはインフラの排水経路なども載っているので、同時に確認します。

戸建の場合、竣工図書は１００％に近い率で残っていません。ただし戸建はインフラが独立しているので、引き込みの状況だけチェックすれば何とかなることが多いのです。マンションの場合、インフラを共有している部分が多いので、竣工図書での確認が大事になってきます。

戸建で重要なのが、雨漏りの有無の確認です。天井を見上げてシミがあったら、それが現在進行形で漏れているのか過去に漏れたシミなのかを確認します。含水計で計測して水分を含んでいたら現在進行形、乾いていたら過去にあったものと判断します。雨漏りのある物件は賃貸物件としては成立し得ないので、必ず確認するところです。

基本チェック④　都市計画上の法規をコツコツ確認

続いて都市計画上の規制や法律、条例を確認します。

最近は「事務所として使っていたビルを宿泊施設にできないか」というような相談が、毎週のように舞い込んできます。その場合、まず宿泊施設ができるエリアなのかどうか用途地域を確認します。続いて準防火地域なのか防火地域かを確認します。防火地域に建っている耐火建築物ならばエントランスの扉は鉄扉にしなければならないなどと、扉や窓の仕様が変わってくるからです。また防火性能やトイレやシャワーなどの設備も、旅館業法に規定される数を満たす必要があります。どんな用途の建物でもこのように、提案をまとめる前に関係する法律や都市計画上の規制はすべて確認します。

特にチェックすべき法律や規制がたくさん発生するのは、コンバージョン、つまり用途変更をともなうリノベーションの場合です。最近の収益物件に関する相談は、ほとんどコンバージョンが前提です。相談をいただいた段階では、元の用途の物件にニーズがない、あるいは飽和状態で、用途そのものを変えるべき状況であることがほとんどです。古くなってきた賃貸マンションの住戸をただリノベーションできれいにするというシンプルなやり方では、不動産経営はうまくいかなくなってきています。そのため、建築確認申請が必要であろうがなかろうが、僕らが設計や工事をする部分について建築基準法のすべて、条例、消防法など、関わってくる規制はすべてチェックします。

事例① SPICE MOTEL OKINAWA

古いモーテルのコンクリートを補修し、水回り設備を転用

「SPICE MOTEL OKINAWA」は、アートアンドクラフトの企画・設計・施工で2015年に開業し、運営も行っている17室のホテルです。アメリカ統治時代の沖縄で生まれた、1970年築の古びたホテルを全面的に改修しました。

「SPICE MOTEL OKINAWA」の構造は鉄筋コンクリート造です。海洋博が開催された1975年前後の沖縄では十分に除塩されていない海砂が生コン用の資材として使われていたこともあり、沖縄では鉄筋コンクリート造の建物は長持ちしないと考えられています。この建物はそれ以前の建物なのでそこまで酷い状態ではありませんでしたが、前所有者のメンテナンス不足からくる傷みがありました。屋上のドレンが傷んで漏水していたり、防水層が切れていたりしました。そういった傷んだ部分を補修し、防水や塗装などを施すことで、これ以上悪くならないようにしました。

また躯体の鉄筋とコンクリートが剥離している部分もありました。傷んだ鉄筋コンクリート構造物の補強は本格的にやろうとすると、かなり大ごとになります。新たに耐力壁をつくって構造計算をし直したりするとなると、耐震補強だけで数千万単位の金額になることもあります。そこでここではアラミド繊維シートを活用しました。傷んだ部分にシートを接着し、一体化させると鉄筋コンクリートの性能が改善するというものです。材料はアメリカ由来のものですが、施工のライセンスを持っている会社がたまたま現場の近くにあって、ちょうどよくやってもらえました。それなりの金額はかかりますが本格的な耐震補強よりは安くでき、見た目もきれいになりました。

ホテルからホテルへの改修だったので用途の転用はなく、法律的な手続き

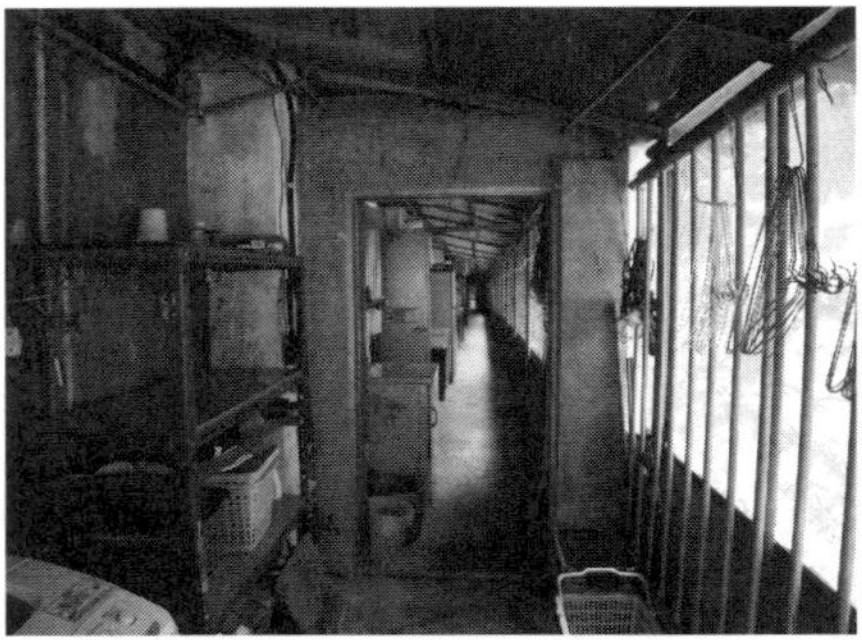

「SPICE MOTEL OKINAWA」1970年築の古びたホテルを全面改修した。改修前の外観（右）と1階の共用廊下（左）

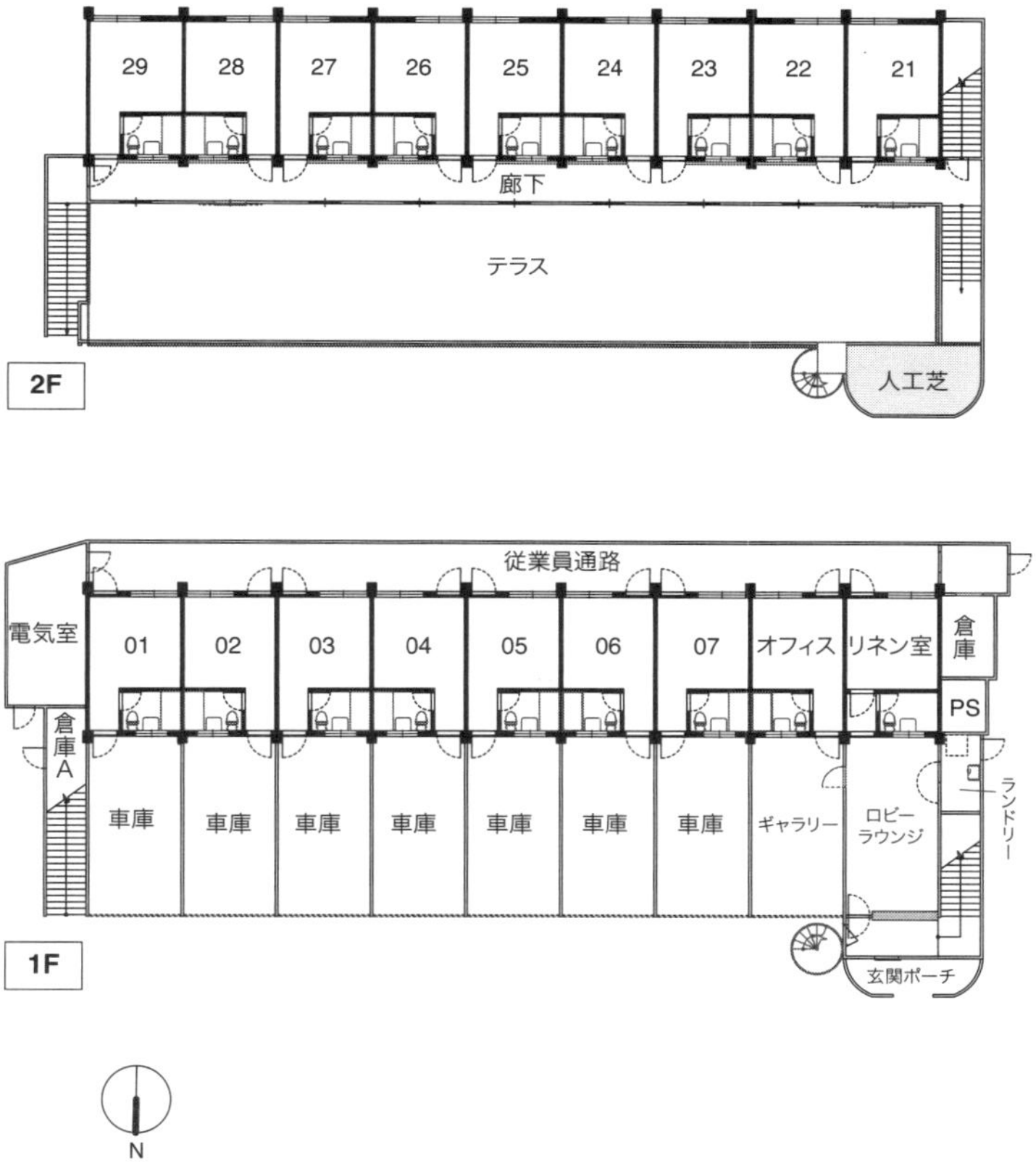

延床面積	1F：397.28m^2　2F：177.61m^2　計：574.89m^2

構造：鉄筋コンクリートブロック造	建築年：不詳

「SPICE MOTEL OKINAWA」平面図

「SPICE MOTEL OKINAWA」改修後の外観（上）と共用廊下（下）

は複雑ではありませんでした。また間取りや設備を引き継ぐこともできました。バスルームの位置はそのまま踏襲しました。設備は交換したものと活用したものが混ざっています。シャワーのみの住宅も多い沖縄なので、浴槽はあえて取ってしまいました。便器は衛生的に交換した方がよいという理由もありますが、この半世紀でかなり性能がよくなっているので交換しました。一方、洗面器は40年前のものを再利用しました。洗面器は機能があまり変わっていません。掃除すればきれいになります。水栓だけ交換すれば、誰も40年前のものだと気づきません。残した理由はコスト面にもあるのですが、やはり昔のものを残して〝リノベ感〟を出すためです。結局、下の配管を交換したので、それなりに工事費はかかりました。実は洗面の再利用というのは、洗面器よりも下の配管をやりかえる方がお金のかかるものなのです。当時のベーシックな洗面器は、どの会社のものでも最近カタログから姿を消しつつあります。もったいないという思いもあり、あえて洗面器を再利用したのです。

③ 設計術〈住宅編〉——間取りにこだわらない居心地の設計

事例②新町のアパートメント

既成の間取りにこだわらない設計術

ここからはいわゆる設計術、デザインで空間的な価値を上げる方法について説明します。

アートアンドクラフトでは、既成の間取りにこだわりません。設定したターゲットの生活スタイルを丁寧に想像し、1日の行動にふさわしい設備や空間を適切に配置することを大事にします。

そんな設計に対する考え方がよくあらわれた事例「新町のアパートメント」を紹介します（91ページ、165ページ「住宅リノベーションのレシピ」参照）。これは2章で紹介した「オトナのひとり住まい」の1作目です。

58・22㎡のマンションをワンルームに限りなく近い、贅沢な1人暮らしの住まいとしたものです。

特徴の1つは、仕切らないことです。リビングとダイニングを兼ねた空間とベッドスペースを仕切りなしでつないだので、空間を広く感じることができます。ベッドスペースはカーペット敷き、リビングとダイニングはフローリングとし、壁などで仕切らない代わりに、場所の性格の違いに合わせて床の素材を変えることで、空間に変化をつけました。

そして用途を定めない場所をつくることで、空間に余裕を生みました。たとえば窓際には、約3畳のモルタル仕上げの「Ｄｅｎ」を設けました。Ｄｅｎは北米の住宅にあるもので書斎、趣味室といった意味を持つ部屋です。ここではサンルーム、書斎、サブリビングを兼ねたあいまいな居場所になっています。

また、裏側に追いやられがちな場所をあえて部屋のように仕立てることで、家の中にあるすべての場所が居心地のよいスペースにしました。トイレは広めにつくり、壁紙を貼りました。細かい収納スペースはつくらずに、フロー

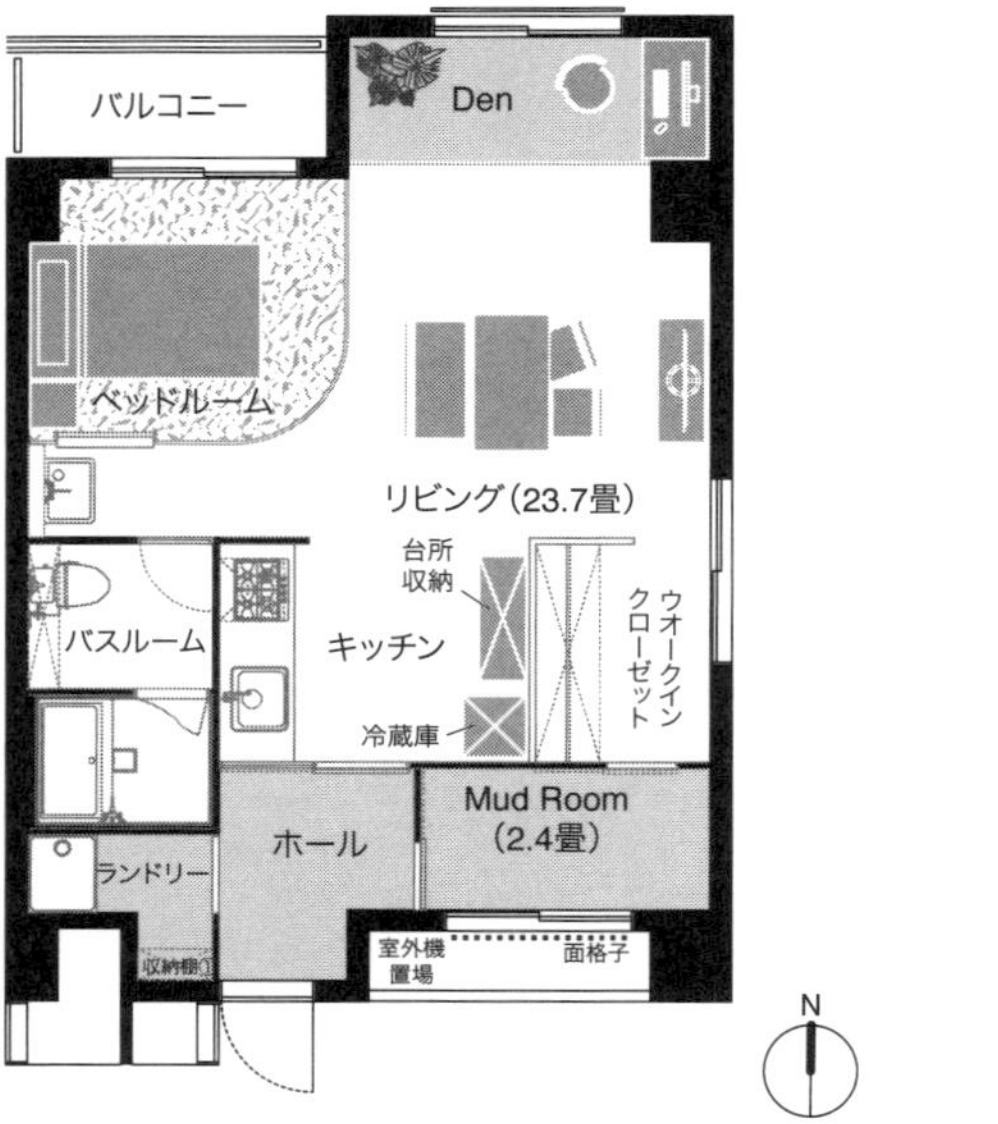

専有面積：58.22m^2	バルコニー：3.57m^2	合計：61.79m^2
構造：RC造	建築年：1979年	

「新町のアパートメント」平面図。仕切らずに素材の違いなどで空間に変化をつけた。すべての場所が居心地の良いスペースとなるような設計をこころがけている

リング敷きで2方向からアクセスできる大型のウォークインクローゼットをつくりました。

玄関の近くには「Mud Room（マッドルーム）」というスペースを設けています。Mud Roomとは大きめの下駄箱とクローゼットを混ぜ合わせたような空間です。北米の住宅にあるもので、帰ってきたらすぐにコートをかけておける便利なスペースです。ウォークインクローゼットとつながっているので、ここで服をコーディネートすることもできるし、家事室や部屋干し派のインナーバルコニーとしても使えます。「新町のアパートメント」ではじめて設け、他の物件でもしばしば活用しています。

このように「居間」「クローゼット」「洗面脱衣室」といった規格品の間取りから自由になり、人がどこで、どんなふうに過ごしたいかを想像することから、アートアンドクラフトの設計は始まっています。

事例③粉川町のアパートメント

窓辺のベンチで眺望を堪能できる「オトナのひとり住まい」

「粉川町のアパートメント」は「オトナのひとり住まい」の5作目です。1981年築のマンションの、37・2㎡の区画を1人暮らし向けに改装しました。既存の空間の特徴は、日当たりのよいバルコニーとその向こうに広がる公園の緑でした。

その窓辺が最も気持ちよいスペースになるように、小上がりを設けてベンチのようにも使えるようにしました。元々バルコニーとの間に段差があったので、小上がりをその高さに合わせて段差を解消しました（96・166・179ページ参照）。

間取りとしてはワンルームで、ベッドスペースも小上がりの一部を広げただけです。大手の業者さんならば部屋数を優先してしまうところですが、「オトナのひとり住まい」の企画は大人が1人でゆっくり過ごせる住まいがないというところから生まれているので、個室をつくることは重視せずに、いかに眺望を楽しむかを優先した設計としました。

④設計術〈職住一体型〉──「暮らし」と「住まい」を両立させる

ダブルワーク可能な住まいを設計する

最近、働き方の選択肢が増え、会社勤めの方でも、趣味なのか仕事なのか曖昧な副業を持っている方が目立つようになりました。アクセサリーを手づくりしてネットで販売したり、カレーづくりを極めていくうちに独立してお店を出してしまったり、副業を本格化させていくうちに、どちらが本業なのかわからない、いわゆるダブルワークの状態になる方も多いようです。

僕らはこの、ダブルワークという生活スタイルに注目しています。そして実際に、作業場や事務所にできるスペースを用意した、ダブルワーク可能な住まいをつくっています。こうした住まいでは、プライベートとパブリックの切り分け方を工夫します。そして広めの土間を設けたり、デスクを置いても傷がつかないように床を固めのフローリングで仕上げたり、コンセントの数を増やしたり、ダブルワークの生活スタイルに合わせた細やかな配慮を詰め込んでいます。

事例④北畠の長屋　SOHOにふさわしい床の仕上げとは?

「北畠の長屋」は、長屋が数多く残る大阪市阿倍野区北畠の、築年数不詳の長屋を2期に分けてリノベーショ

1F

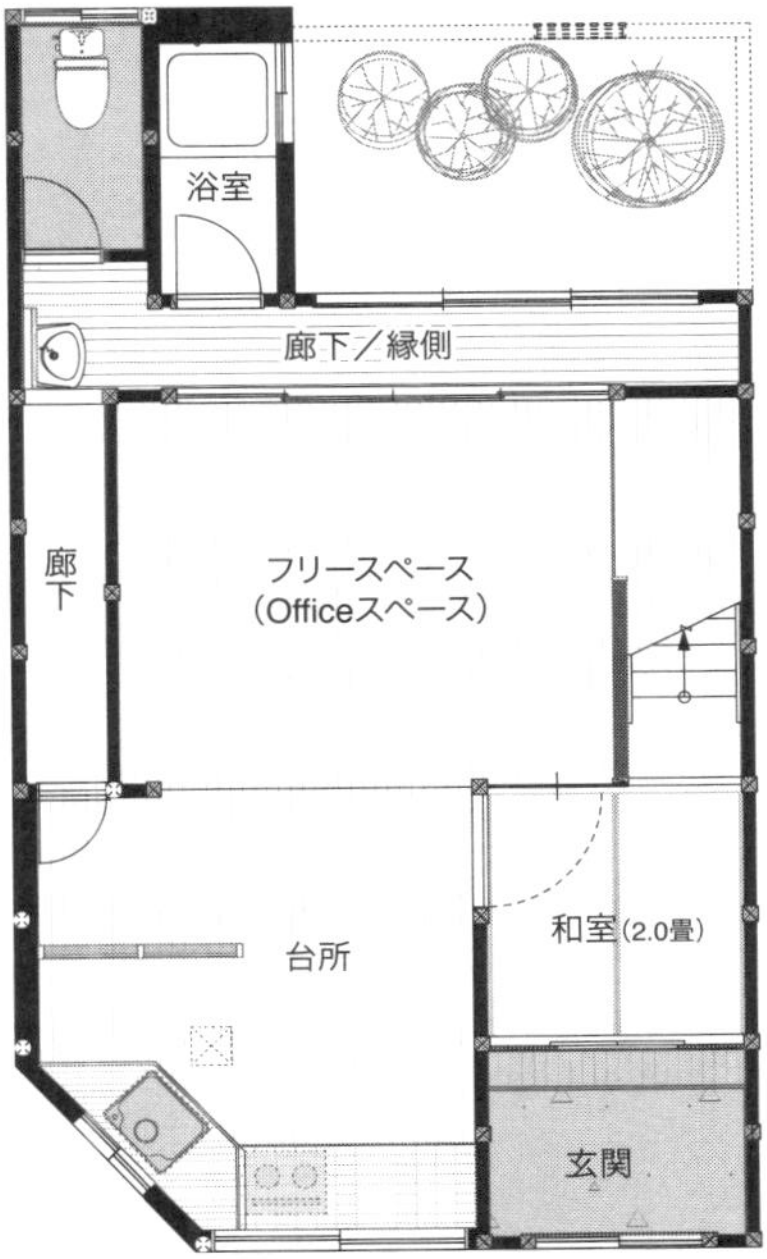

専有面積：71.86m²	バルコニー：0m²	合計：71.86m²
構造：木造2階建て	建築年：不詳	

2F

「北畠の長屋（西側）」床には傷が目立ちにくいクリ材のフローリングを用いた

ンしたものです。オーナーは複数の物件をお持ちでしたが、まずは2区画を住まいとしてリノベーションし、借り手を募集しました。そのうち1戸にアトリエやホームオフィスにも使えるような広めの土間を設けたところ、かなりの反響がありました。リノベーション物件の完成後に行うオープンハウスに2日間で7組の予約があり、そこで入居者が決まりました。その後も大阪R不動産に募集の案内を出していたところ、1週間で11組の問い合わせがありました。

その反響の中に、事務所利用、店舗利用をしたいという声があったので、2期目では、よりSOHO使いを意識した企画として、再度2区画をリノベーションしました。土間を設けたことに加え、1期目と2期目では、フローリングの素材を変えました。1階はSOHO利用しやすいよう全体を洋室とし、1期目はやわらかいスギのフローリングを使ったのですが、2期目では、デスクを置いてもキャスターの傷が目立ちにくいアンティーク加工のクリ材にしました。またキッチンを隠せるようにパーテションを設け、コンセントの数も増やしました。

水回りにこそ、生活スタイルの個性が出る

いま紹介した、床の仕上げにひと工夫した長屋のように、生活スタイルは細部の仕上げや設備に反映されます。アートアンドクラフトで、生活スタイルによって特に配置が変化しがちなのが、洗面台です。たとえば家に頻繁に人を招く人なら、洗面台をリビングの一画や玄関先に置いたりします。一般的な分譲マンションならば、必ずお風呂場の手前の脱衣室にありますよね。しかしお客さんにそこに入って欲しくないという方も多いので、その場合はリビングや玄関の近くなど、お客さんが必ず通るような場所に用意します。

朝の生活スタイルがどうなっているか、たとえばお化粧をどこでするのかということも、洗面台の配置に影響

します。自然光の中でしたいという方が多いようですが、そこで水が使えないと不便なので、リビングに洗面台を持ってきてお化粧ができるようにすることもします。また玄関の近くに、洗面台とお出かけの前後にさっと服を着替えることができるクローゼットとをセットで置くこともあります。この場合は洗面台を2個つくります。

事例⑤大手通のアパートメント

水回りの位置もポイント「暮らしの中で働く住まい」

「大手通のアパートメント」はアートアンドクラフトが中古不動産を買い取って企画・設計・施工して販売しているシリーズ「暮らしの中で働く住まい」の第1号で、２０１５年9月にできました。

場所は職住のバランスが良いと人気の天満橋エリア。天満橋駅から徒歩圏にある１９８１年竣工のマンションの、61・13㎡の区画をリノベーションしたものです。ターゲットは、どちらかが在宅勤務の

暮らしの中で働く住まい「大手通のアパートメント」

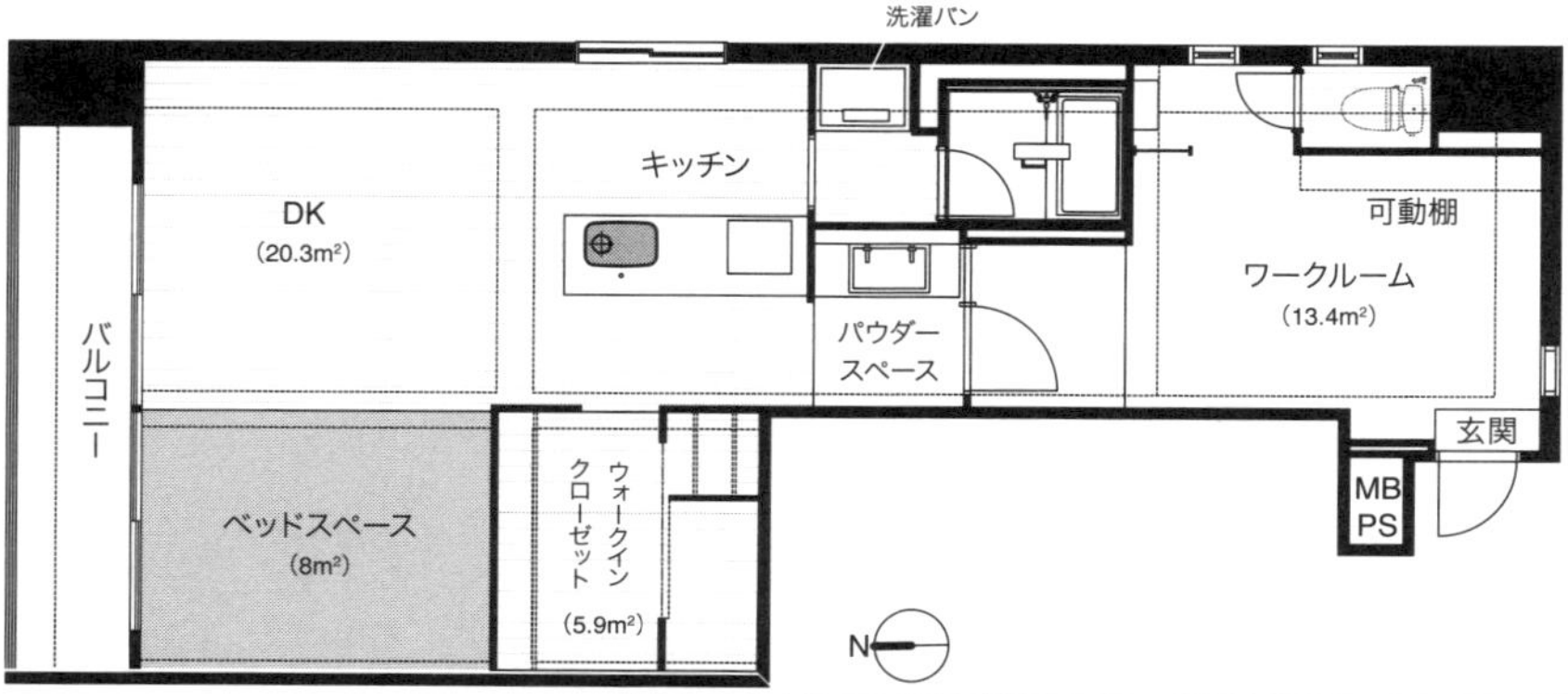

専有面積：54.03m²	バルコニー：7.10m²	合計：61.13m²
構造：鉄筋コンクリート造13階建	建築年：1981年	

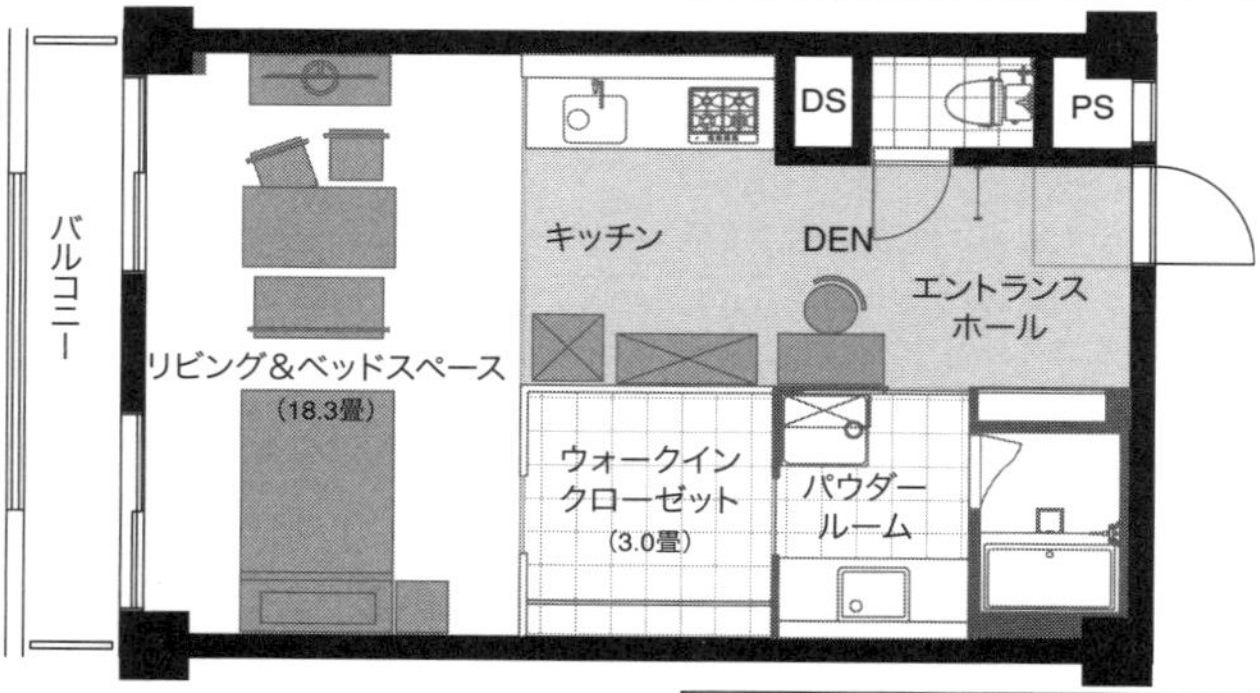

専有面積：48.71m²	バルコニー：5.40m²	合計：54.11m²
構造：鉄筋コンクリート造7階建	建築年：1974年	

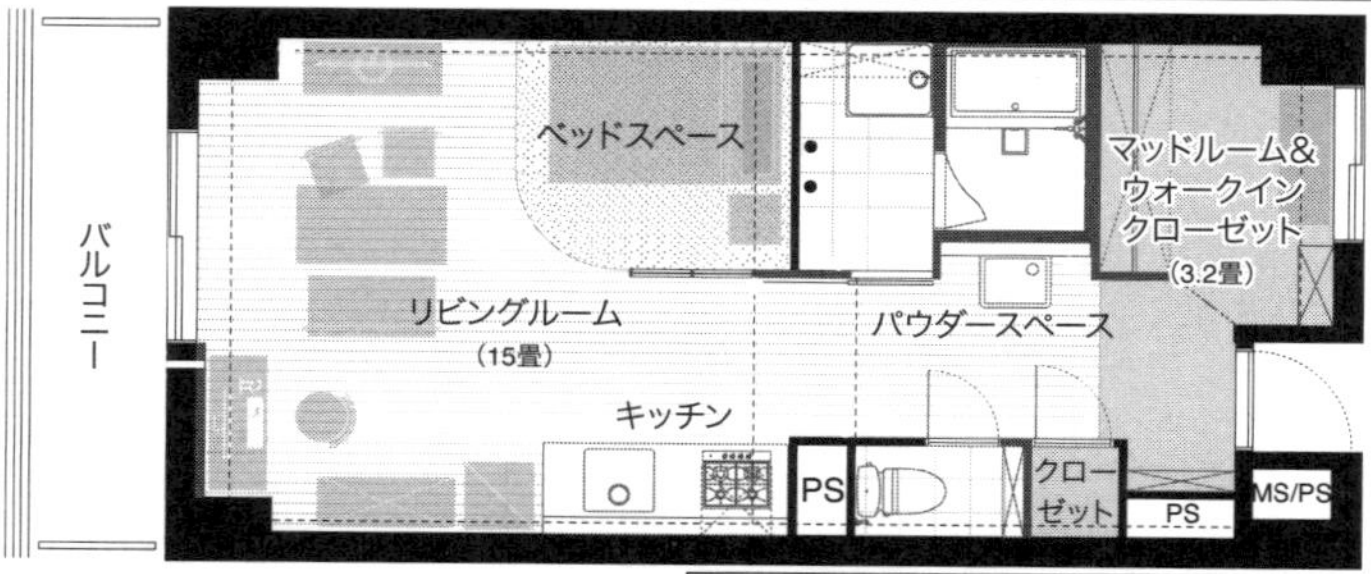

専有面積：46.00m²	バルコニー：6.44m²	合計：52.44m²
構造：鉄筋コンクリート造11階建	建築年：1978年	

「オトナのひとり住まい」に学ぶ、間取りにとらわれない居心地の設計（例：上から大手通のアパートメント、清水谷のアパートメント、北堀江のアパートメント）

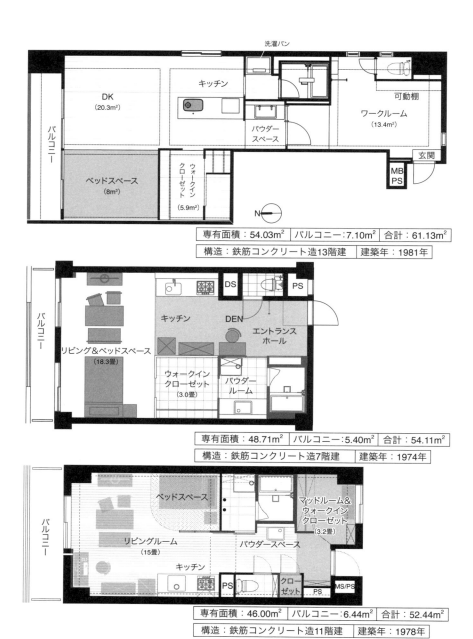

カップルです。

ここでは快適な仕事場のある居住空間を提案しました。近年、働き方の選択肢が増えてきて、フリーランスや自営だけではなく会社勤めの方でも自由度の高い働き方が可能になり、暮らすことと働くことの境界が曖昧になってきているので、このような居住空間の需要はあるのではないかと企画しました。

一番の特徴は、玄関を入ってすぐにあるワークスペースです。床はモルタル仕上げで土足でも使える形式です。ワークスペースと生活空間は、扉で切り離しています。トイレはワークスペース側に設けて、お客さんを気軽に案内できるようにしています。扉をあけると自然光が入る洗面台があります。その奥にある生活空間は、ダイニングとベッドスペースがワンルームの、リラックスできる空間です。無垢のフローリングでやわらかく仕上げ、ワークスペースの床とは変化をつけました。

事務所向きの立地で、2人暮らしにちょうどよいサイズで、事務所利用が可能なマンションだったので実現できたプロジェクトです。

⑤ 設計術〈オフィス編〉——素材とディテールがオフィスの質を向上させる

小規模貸ビルの設計・必勝戦術

最近都市部では、大規模なオフィスビルが新しくたくさんできていることも影響し、小規模貸ビルの空室率はかなり高くなっています。しかし小規模貸ビルの設計には、必勝戦術があります。余裕があまりない貸ビルでも、今すぐ実践できる差別化のアイデアです。2章で紹介した〝居心地のよいオフィス〟「アイエスビル」を手がけたときに気づいた手法です。それは床と照明を変えること。世の中のオフィスはタイルカーペットと蛍光灯が必要以上についているので、タイルカーペットをやめてフローリングを敷くか、土間のままにする、蛍光灯からダクトレールに変えて照明の自由度をあげるといった簡単な改修をするだけで、他の物件とかなり差別化できます。特に今は置くだけでフローリングの床になる建材など、便利なツールがあるので、フローリング化のハードルは下がっています。

この方法は、普通のビルほど効果的です。入居率が簡単にあがります。予算や既存のスペースに余裕があり、もう少し何かできる場合は、共用部を充実させます。たとえばロビーがあるなら、そこに洒落たソファを置く、清潔感があって気持ちのいい給湯室をつくる、屋上があるならベンチや緑を入れて人が集まれる場所にする……といった方法が使えます。

細部のちょっとしたデザインがフックになる

古い建物では、細部のちょっとしたデザインが入居者を引きつけるフックになります。そこでアートアンドクラフトでは、既存の建物にタイル、手すり、窓など、魅力的な要素があれば、そこを大事に扱うようにしています。デザイン事務所やスタジオ、スタイルにこだわりのある飲食店など、クリエイティブ系の入居者をターゲットにした企画では、特に効果的です。センスのよい入居者ほど細部の魅力に気づいてくれます。エレベーターホールの床に建設当時の凝ったタイルが張ってあったりすると、「かわいいですね」などとすぐさま反応が返ってきます。彼らのアンテナに引っかかって入居してくれればしめたもの。入居者の質がよければ、建物の価値も上がります。

そういったフックになりそうなディテールがない場合は、設計で新たにつくることもあります。2章で紹介した「アイエスビル」の場合はエントランスの集合ポストを、既存のステンレス製のものから木製のものにつくり変えました。まだ使えるものだったのでもったいなかったのですが、建物の顔となるエントランスにも個性を出したかったので、あえて付け替えました。

事例⑥銭屋本舗本館 ビルのディテールを残しながら、上質な空間に仕立てる

「銭屋本舗本館」は近鉄開業時のターミナル駅として栄えた、上本町にある1960年築のビルをリノベーションした、複合テナントビルです。元は食品ギフト商社の事務所兼倉庫兼住居として使われていましたが、「食をテーマに、人が集まるビルにしたい」というオーナーの強い思いのもと、複合テナントビルとして再生されました。

1階にオーナーがプロデュースする飲食店などが入り、元々の事務所機能は2階に移し、3階はクリエイティブ系の入居者をターゲットにした貸しオフィスとしました。

「銭屋本舗本館」外観

「銭屋本舗本館」改修後。多目的サロン（上）と屋上テラス（下）

4階は各種イベントが開かれるオーナーの多目的サロン&テラスになりました。

このビルは角地にあり、スチールとタイルで貼り分けられた壁に、幾何学的で重厚な窓や面格子が並ぶ、魅力的な外観をしていました。スチールと木を組み合わせた手すりのついた階段、元倉庫ならではの無骨な建具、粗い型枠の跡が残るコンクリートの壁や天井といった部分もいいと思いました。そこでできる限り既存の内装は残すことを意識してリノベーションしています。

古い部分を残したリノベーションは、ともすればチープになりがちです。しかしここの場合は、オーナーの好みやマーケット感覚が反映され、上質で落ち着いた空間となりました。特に1階のカフェやギャラリー、4階のサロンに入っている家具のセレクトが効いているのだと思います。

3階のテナントは、アートアンドクラフトが入居者募集までやりました。設計事務所、デザイン事務所、ヨガスタジオ、フォトスタジオなどが集まりました。10㎡から94㎡までさまざまな区画を用意しましたが、最初に入ってくれた事務所が成長にともなって、ビルの中で大きな区画が空けば引っ越したいと言ってくれたりもしています。

「銭屋本舗本館」はオーナーの運営への熱意が高く、1階のカフェも当初はテナントとして入ってもらう予定でしたが、オーナー直営になりました。カフェの隣の区画も、のちに直営ギャラリーになり、4階のサロンも食をテーマにした教室や講座などが頻繁に開かれ、集客に成功しています。

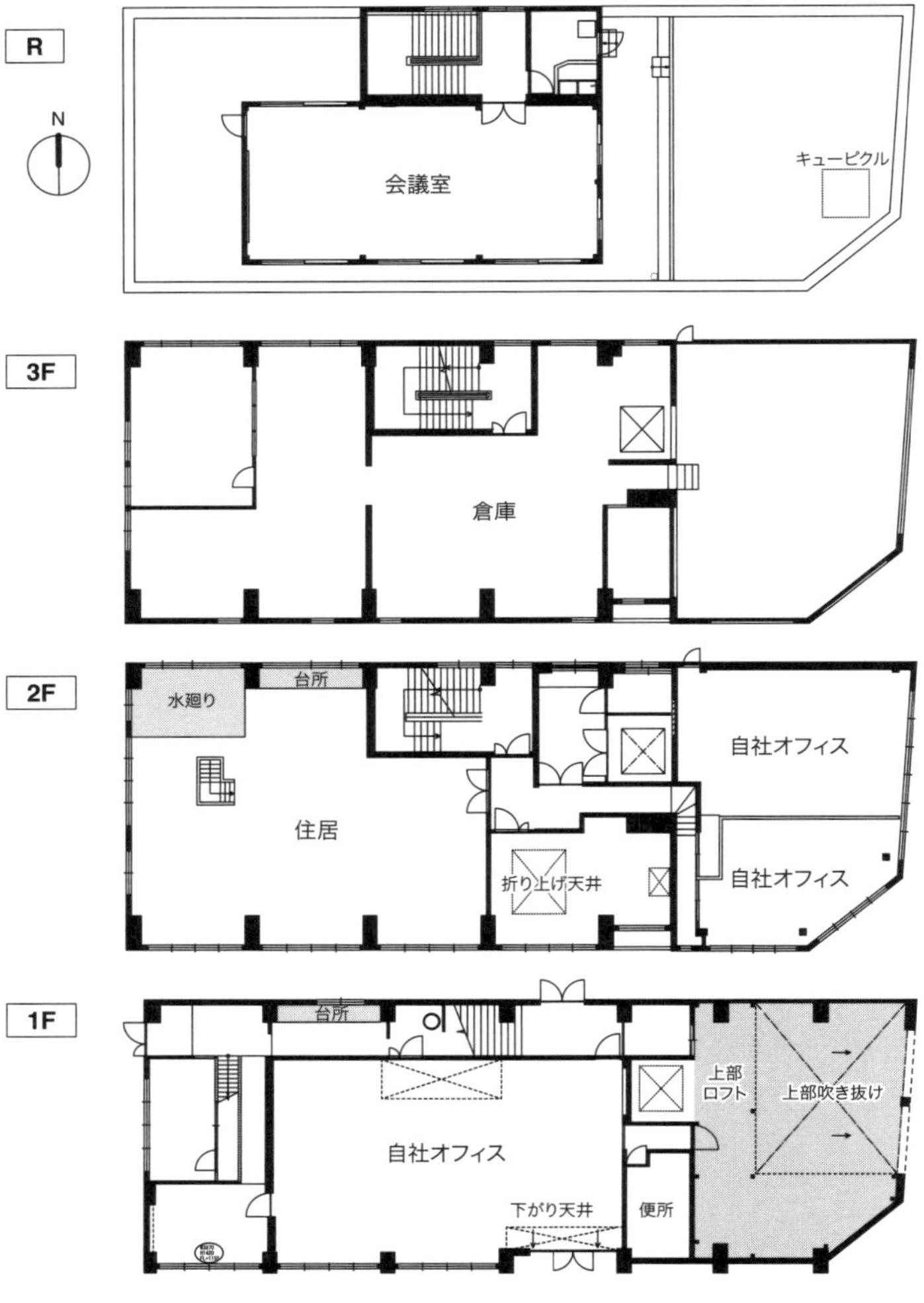

「銭屋本舗本館」平面図（改修前）

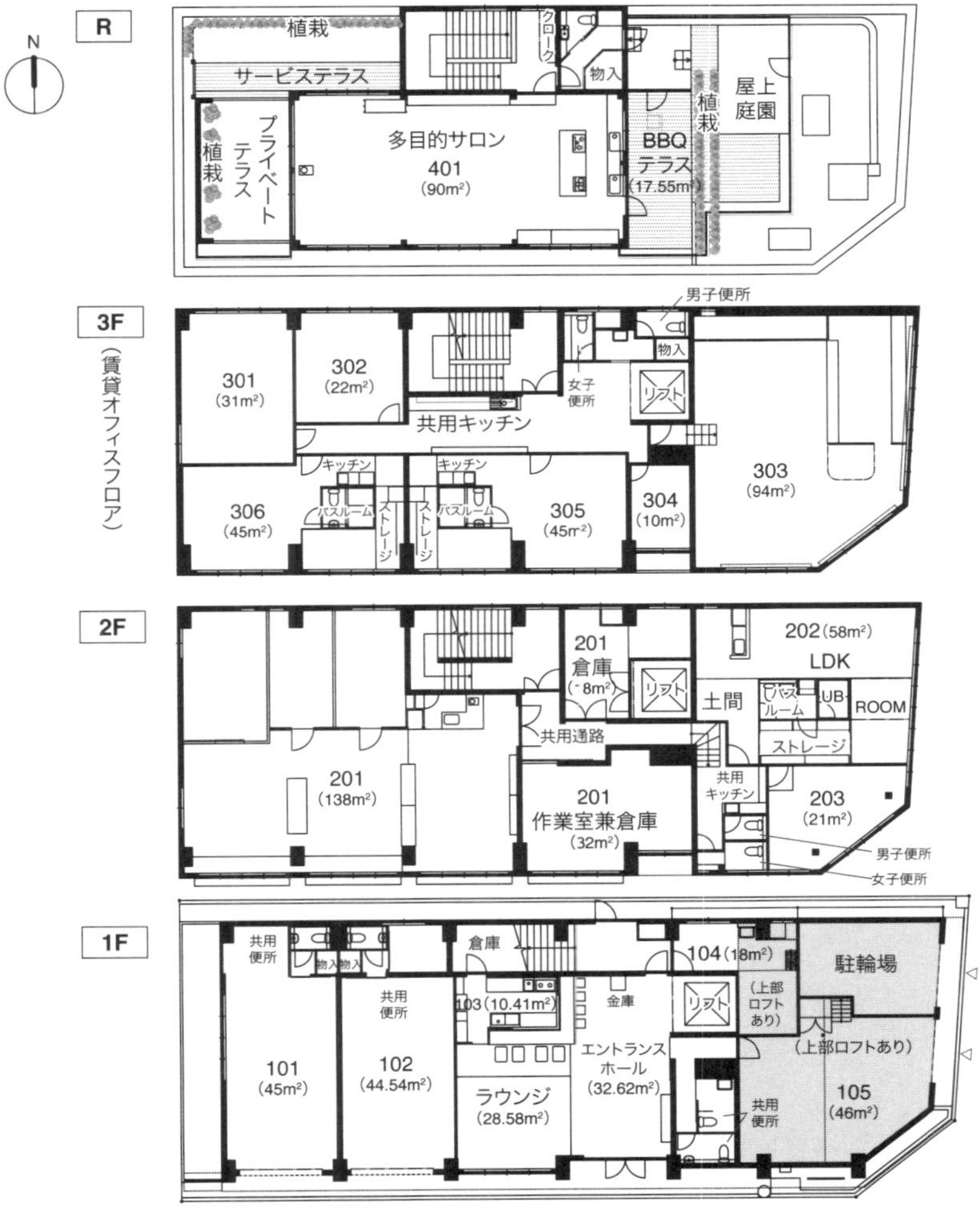

延床面積：1070.13m²	構造：鉄筋コンクリート造（一部鉄骨造）4階建	建築年：1960年

「銭屋本舗本館」平面図（改修後）

⑥ 設計術〈応用編〉——DIY可能物件の設計術

事例⑦W荘 インフラのみ整備して、改修を借り手に委ねるのも選択肢のひとつ

最後に、あえて〝設計〟しなかった事例を紹介します。「W荘」はバス、トイレ、キッチン共同の1961年築の木造学生アパートを、駐車場と庭付きの工房兼住まいとしてリノベーションしたプロジェクトです（180ページ参照）。

ここは大阪の郊外、北摂地域の某大学近くにある学生アパートでしたが、長い間、全戸空き室のままでした。付近の学生向け物件は飽和状態で、学生向けの賃貸住宅として改修しても勝ち目がないと思われました。

まわりに駐車スペースが贅沢にあったので、全8戸を大胆に2区画に分けて、車を常時2、3台使いながらものづくりに励むような層に向けて、工房兼住まいとして貸すことを提案しました。

ここはつくりがとてもしっかりした建物でした。雨漏りも歪みもなく、屋根も最近葺き替えられていました。そこで1階は、工房や店舗として、入居者の好きに改装してもらうことにしました。既存の床、壁、天井を解体撤去して、構造補強と設

改修前の「W荘」。贅沢な庭と駐車スペース。全8戸の学生アパートを2区画に分け、工房兼住まいとして貸す計画とした

床面積	A区画	B区画	各階合計
1F	43.31m²	50.39m²	93.70m²
2F	38.61m²	46.50m²	85.11m²
区画合計	81.92m²	96.89m²	178.81m²

構　造	木造2階建
建築年	1961年

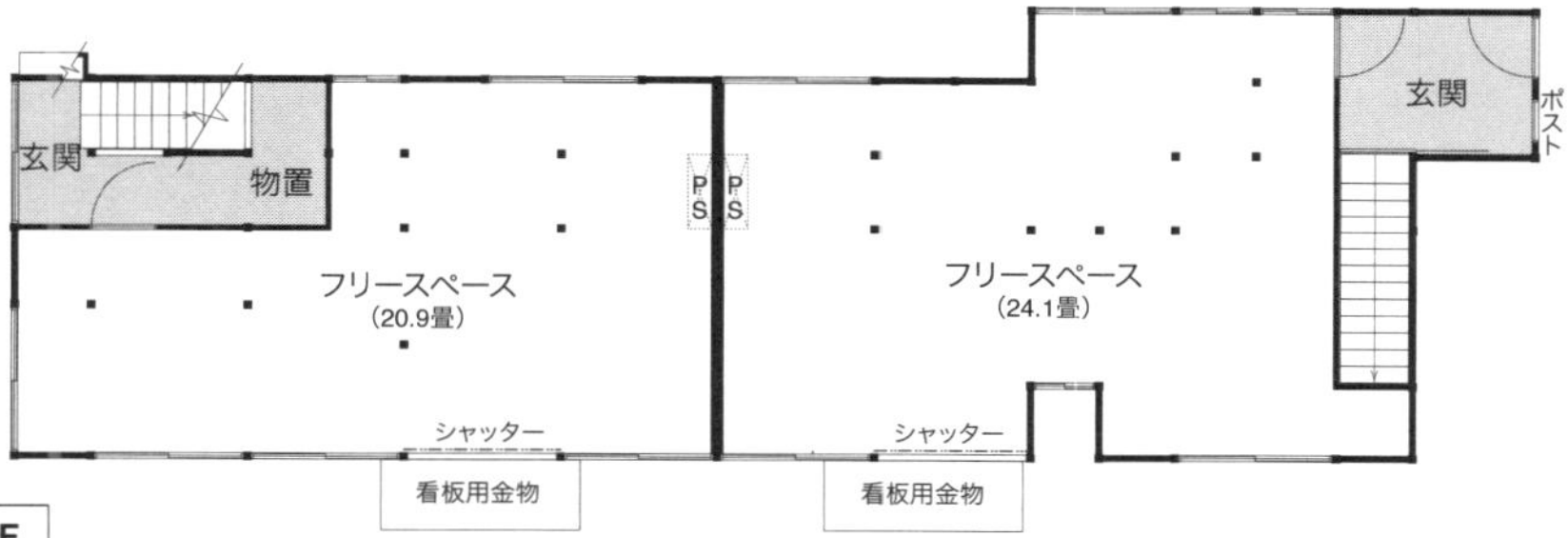

1F

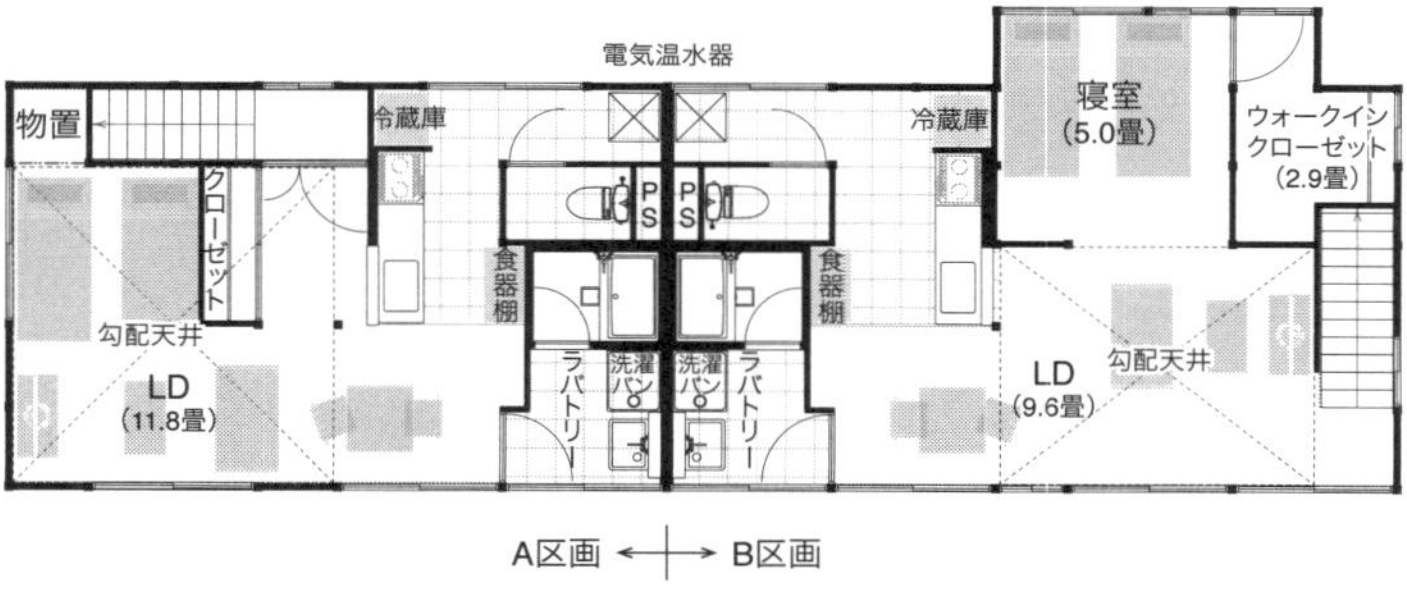

2F

「W荘」。1階は入居者が好きに改装できるよう、構造補強と設備引き込みまで（上）。2階のみすぐに暮らせる状態に改修した（下）

「W荘」。1階のフリースペース（上）と2階の住居スペース（下）

備の引き込みを行いました。造作は隣の区画との界壁を建てるところまでに留め、床も張っていません。2階は居住スペースなので、すぐに暮らせる状態にしました。設備を一新し、天井には断熱をほどこしました。

改修費は1370万円と、小分けの住宅にする場合に比べると格段にローコストです。壁の塗り替えもしていません。2戸とも、そこを拠点にビジネスを展開していくことを計画している、パワフルなカップルが入居しました。借り手自身がある程度投資する必要があるので入居者を選びますが、ひとたび入居してくれれば長く使ってくれる可能性が高く、安定した収益が期待できます。

玄関のそばにあると便利な〈Mud Room〉。帰宅後すぐに荷物やコートを置ける。ウォークインクローゼットとつながっていると、服のコーディネートもここででき、アイロンがけなど家事室としても使える（新町のアパートメント、p.91、145）

バルコニーに面したベンチと連続させた小上がりをつくり、リビングの中に違和感なくベッドスペースを設けた（粉川町のアパートメント、p.96、147）

広さを有効に用いるためリビングとワークスペースを家具で仕切った

元は納戸だったスペースを取り込み、ひと部屋分ほどの広さを設けた玄関スペース

壁でなく窓で仕切ることで部屋の中に見通しが生まれる

ゆるやかに仕切る

完全な壁で仕切らず、自然光や広さを優先する
（新町のアパートメント、p.91、145）

パウダールーム→ウォークインクローゼット→寝室への抜け。それぞれの部屋が暗く閉じず、回遊性も生まれる

大きな扉をガラスにするだけで見通し、明るさが増す

Mud Roomにつながるウォークインクローゼット。部屋数には換算されなくとも贅沢なスペース（新町のアパートメント、p.91、145）

見せる寝室

リビング、ワークスペース、キッチン、寝室が一室に収まった

マンション特有の大きな梁や柱も、上手く使うとさりげない仕切りに

床レベルを変えることで扉のないオープンな寝室を実現した

賑やかな玄関

単なる出入り口ではない贅沢なスペース。奥の壁は黒板塗装で仕上げた

扉を開けると広さと天井高に驚く。仕事の打合せにも使う玄関ホール

自転車やアウトドア用品を持ち込める玄関は需要が高い

光の入るバスルーム・パウダールーム

自然光で化粧のできるパウダールームは人気が高い（新町のアパートメント、p.91、145）

小さな窓を作るだけで明るさ、見通しが生まれる

土間仕上げの玄関に設けた洗面。作業用手洗いとしても使える

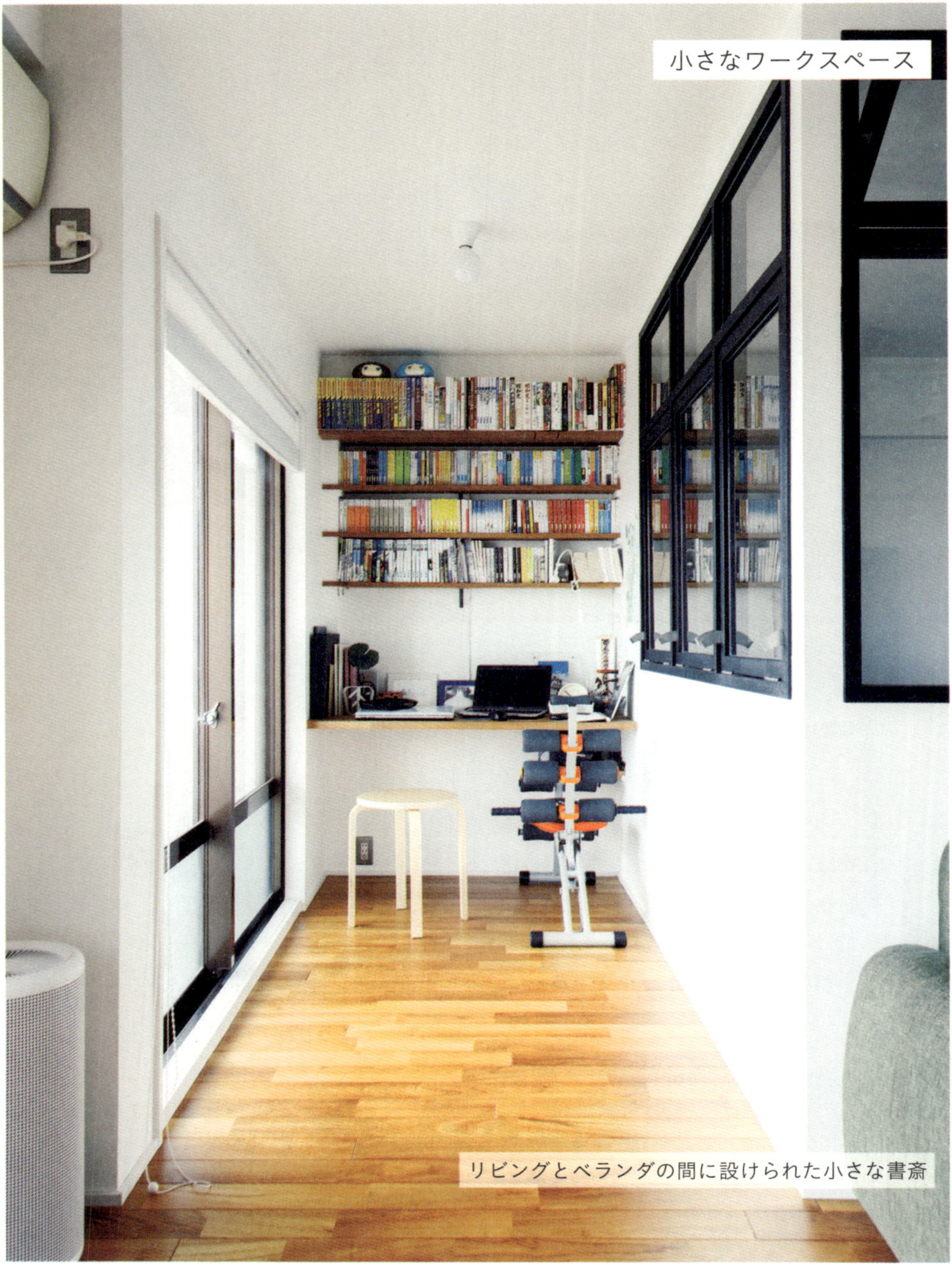

リビングとベランダの間に設けられた小さな書斎

窓辺に一枚の板を渡すだけで作業スペースが生まれる

重宝されるキッチン横のミニデスク

洗面とキッチンをひと続きにデザイン。セカンドシンクとしても活躍する洗面が使い方の幅を広げる（クラフトアパートメント vol.10、p.216）

足場板の天板とステンレスの流し台を組み合わせ、部屋に馴染むラフな印象のキッチン（粉川町のアパートメント、p.96、147）

流行のオープンキッチンではないが、却って落ち着いて籠れるキッチン

まちに開いた明るいアプローチ

駐車スペースと庭を兼ねた開放的なアプローチ（W荘、p.160）

日当りのよい広場に植栽とベンチを設け入居者が自由に使える空間に
（APartMENT、p.67、117）

コラム 「外国人向けのホテル、したいんですけど」という方へ

オリンピックが東京で開催されることが決定した2013年頃から、「不動産をリノベーションして外国人向けのホテルをしたい」という相談が増えました。ゲストハウスをやりたいという若者からアパートオーナー、そしてマンションデベロッパーや異業種からの新規参入組まで、相談主さんはとても多様です。

自社でホテルの経営までするのか、単に不動産オーナーとしてホテル事業者に所有建物を賃借したいのか、それさえも曖昧のまま、とにかくこれからはホテルなんでしょという勢いで、慌てて相談に来る人も少なくありませんでした。ホテルの建設ラッシュが、都市部の不動産取引価格の上昇にも影響したと思います。

アートアンドクラフトでは2010年より大阪で宿泊事業を始めており、現在は沖縄でもホテルを経営しています。この会社ならホテル業参入の相談から企画と設計施工、そして運営まで窓口ひとつ、ワンストップで対応してくれるのではないか。そう期待されたんだと想像します。そしてそれができる会社は確かに多くはありません。

さて、外国人旅行者が都市に溢れる状況に、そこで暮らす私たちはすっかり慣れてしまいましたが、果たしてどのような経緯でインバウンドが増えていったのでしょう。振り返ると、かつて日本の観光政策は世界から遅れていました。アジアのハブ空港の座も早くからシンガポールや香港です。

そんな状況を変えるべく、小泉政権時代の2004年、国はビジットジャパンキャンペーンを実施、ニッポンは観光立国へと大きく舵をきりました。2008年には国交省の外局として観光庁が誕生、そして2012年の第2次安倍政権発足後の円安、さらに中国人観光客らへの大幅なビザ緩和により、一気に日本のインバウンドは増加しました。

ところで、外国人向けのホテルは本当に儲かるんでしょうか？ たとえば、アートアンドクラフトが自ら運営するHOSTEL 64 Osaka（205ページ参照）は、築45年のビル（当時）をリノベーションして転用しています。その元社宅部分の一室を仮に賃貸住宅として貸したなら、家賃3万円ほどのトイレバス共用

の和室6畳ですが、ホテルの客室としてなら一泊7千円で、ほぼ満室で稼働させることができました。なんと月額で7倍の売上です。

喩えるなら、月極の駐車場を時間貸しにしてみたら大化けした。そんな感じでしょうか。実際にはコインパーキングのように機械を設置して完了ではなく、ホテルはフロント係や清掃スタッフが勤務し、夜間の宿直も必要です。朝食の準備やシーツの交換、ホテル予約サイトへ支払う手数料など、賃貸アパート経営にはなかった、さまざまな業務とコストが必要となってくるのです。

そしてホテル業には休日がない。慣れない外国人対応も必要。また、自分たちではどうすることもできない為替変動や諸外国との外交に左右されるなど、経営上のリスク要因は多いです。実際、東北の震災と原発事故のあとは外国人観光客が日本から逃げ出し、経営的に酷い目に遭いました。ホテル業に踏み込めば、確かに売上が数倍になることがあります。しかし、楽はできそうにありません。

でも、ホテル業を自社で経営してみて、やりがいある仕事だと感じています。施設がある大阪や沖縄について あらためて勉強しましたし、働くスタッフも「自分たちの街を好きになってほしい！」と言います。そして、観光業は国にとって安全保障に繋がる重要な産業だと考えるようになりました。ホテルで働く一人一人が、外交官なのかもしれません。

さて、今後のホテル業界はどうなっていくんでしょうか。民泊も法整備され施設の数は増える一方ですが、今から参入して遅くはないのでしょうか。私はインバウンド需要は今後も伸びると思います。なぜならアジア諸国の経済成長がこの先も見込まれること。成長期から成熟期に入っても、旅行などコト消費は伸び続けると思うからです。2015-2016年のようなホテル不足で連日満室な状況はなくなり、施設間の競争も激しくなるでしょうが、市場自体はまだ成長すると考えています。

でも気をつけてください。ホテル業もアパートやオフィスと同様、どんな人をターゲットにするのかという企画が大切です。一括りに外国人とするのではなく、どの地域から、どんな嗜好性のある、どの年代の客層に泊まってもらうのか。それなくしては曖昧な宿となり、数ある宿泊施設から選んでもらえませんし、ユーザーの満足度も上がりません。ぜひ特徴あるホテルが日本に増えてほしい。そう思っています。

スリランカの国民的建築家、ジェフリー・バワの別荘を保存活用したプチホテル「Villa Mohoty」。エアコンもTVもないですが、これまで旅したなかで一番のお気に入りです。

対談　スピーク・吉里裕也×アートアンドクラフト・土中萌

企画から販売までやるからわかる、不動産リノベーションの最新ニーズ

プロフィール

▼吉里裕也　1972年生まれ。デベロッパーを経て2003年に馬場正尊と東京R不動産を立ち上げ、2004年に株式会社スピークを林厚見と共同設立。建築・デザイン・不動産・マーケティング等の包括的な視点で建築のプロデュースを行っている。アートアンドクラフトの中谷ノボルとは設立初期からの盟友。

▼土中萌　1992年生まれ。一級建築士。建築学科を卒業後、2014年アートアンドクラフト入社。同社広報兼大阪R不動産の店長として不動産企画、営業等を行う。吉里氏とはR不動産同士の連携から、日頃関わりがある。

賃貸物件の付加価値は、見極めと企画力で変わる

吉里：アートアンドクラフトさんの場合、リノベーションした事業物件は大体R不動産で募集をかけるのかな。うちは違って、R不動産での募集が向いている物件と向いていない物件があります。

土中：それは何が分かれ目になるのでしょうか。

吉里：そこはやはりクライアントの違いです。デベロッパーさんやファンドさんは数字を求めます。R不動産で募集すると、坪単価1万円が相場の物件を1万5千円で貸すのはほぼ無理。ファンド物件なんかだとそもそも仕入れ値が高いから高く貸

したいという事情を抱えていることが多く、あらかじめ事業性の高い設定になっているので、入居者募集にR不動産は向いていません。

土中：そういった方は、スピークさんに何を求めて来られるのですか？　相談する相手は他にもいそうですが……。

吉里：実は意外にいないんです。ローラー営業をかけて借り手を見つけてくるというパワーリーシングが得意な事業者はいるけれど、うちみたいに企画力で高く貸せる物件に変えるということをできるところは少ないのだと思います。

土中：なるほど。相場より高く貸す場合、設計はどう変わるのですか？

吉里：実は断ることも多くて、価値を生み出せそうなアイデアが出せそうならば受ける感じです。例えば渋谷の築2年のワンルームマンションをオフィスにコンバージョンしたときは、ワンフロア2区画を1つにまとめると外廊下も専有できることに気づきました。それなら見かけの賃料が高くてもおまけでできた外廊下の空間を付加価値にできる。また住宅用途の容積緩和を受けていたので、オフィスにコンバージョンするために床面積を減らす必要がありました。その分バルコニーの奥行きを広げたら、眺めがよく広々としたバルコニーになりました。そういった付加価値をつけることで元々の坪単価が1万6千円、相場が2万円のところを3万5千円くらいで貸せました。この物件はR不動産では1軒も決まってないです。

入居者の嗜好の変化
――高額物件でもニーズが出始めた「R不動産風」設計

土中：この渋谷のオフィスを、仮にR不動産ユーザーが借りる設定でやるなら、収益を最大化する場合とは建材を変えたりもされますか？

吉里：ありえます。でも、こういう新しい建物だといわゆるR不動産風、つまり既存の空間の魅力を生かし、経年変化する素材を使い、借り手自らが手を加える余地をもたせた無造作な空間にするには逆にお金がかかってしまうかもしれないですね。やはり物件ありき。

土中：新しめの建物をリノベーションする場合、設備や建材にはどういうものを使うんですか？

吉里：タイルカーペットとかも使っちゃいますよ。R不動産で人気の無垢のフローリングとかにはあえて行かない。照明も、蛍光灯にもできるようにします。一般的なオフィスを求める方には光の色が違うだけで暗く感じるという意見も多いので、暗かったら足せるようにしておきます。

土中：スピークさんの場合、クライアントさんのバリエーションが多いからでしょうか。アートアンドクラフトであまり使わない素材も活用されていますね。価格帯や規模によっては、求められる空間のテイストも変わって来そうですが、いかがですか。

吉里：それよりも、入居者の嗜好次第かな。R不動産で客付けできるような入居者ならば、10坪規模でも、極端にいえば50坪のオフィスを借りられるような会社でも、求めているテイストは変わらない気がします。逆に10坪のオフィスから成長した企業が50〜100坪のR不動産的なオフィスがほしいと思って

元ブライダル用品のショールーム兼倉庫をオフィスに改修した「ザ・パークレックス 日本橋馬喰町」。天井・床はコンクリートの躯体を剥き出しにしたシンプルな空間で、ワンフロアの面積は440m^{2}と広い（設計：OpenA）

も、市場にないんです。先日、とあるデベロッパーさんと一緒に、1区画が大きめでかつR不動産風のざっくりとしたテイストのオフィスビルをつくったところ大反響で、テナントがどんどん決まりました。世の中の価値観が成熟し、僕らが訴えてきたことが市場に伝わったという手応えが感じられて、うれしかったですね。

土中：夢がありますね。そういったオフィスはどんな場所にでも成立しそうですか？

吉里：八重洲だったらいけるけど、丸の内だとうーん、みたいな迷いはあるかもしれません。

土中：迷いとは、丸の内にオフィスを構えようと思うユーザーがR不動産で探すかどうかということですか？

吉里：そうです。もしかしたら丸の内でもいけるかな、という感触もありますね。有名IT企業の子会社なんかだと経営層も若くて、立地は中心部がよくてもオフィス空間自体には無造作な雰囲気のものを求めていたりします。でも家賃が高額になるので、うちのお客さんがついて来られるのかと結構悩みます。そういうときは、ヒアリングをかなりします。アートアンドクラフトさんはヒアリングしますか？

土中：あまりしないかもしれません。それは私たちがニーズを読める範囲のビルに関わることが多く、ヒアリングしないとユーザーが何を求めているのかわからない規模のお仕事というのがあまりないからかもしれないですね。

吉里：たしかに例えば「新桜川ビル」くらいの規模や立地ならば、そこまで家賃を欲張らなければ大丈夫だというのが読めますよね。でも例えば空っぽの巨大な高架下を与えられて、一部を新築してこの部分の大きな倉庫をリノベーションしてほしい、みたいな話が来ると、結構ビビるんですよ。

土中：その話なら確かに「ヒアリングしないと！」となる気がします。

難易度の高い大型物件は、コアテナントから決める

吉里：例えば鉄道会社が所有する大きな倉庫なんかだ

と、湾岸のような外れたエリアにあることも多いので、そういう場所で企画からリーシングまでお願いしますといわれると、テンションは上がる反面、人が入ってくれるのかなという不安も出てくるので、悩みますね。元の施設の規模が大きいから、広い区画も小箱もつくれてしまうので。

土中：そんなとき、何から考えたらいいんでしょうか。

吉里：多分コアテナントが重要。例えばうちが事業主となって古い印刷工場を借り、全面的にリノベーションして運営している集合オフィスの場合、まず1階に「Impact HUB Tokyo」という世界的コワーキングスペースの東京拠点を誘致しました。事業を検討し始めた頃、ちょうど東京に拠点をつくろうと動いているチームと知り合って、彼らの拠点づくりの相談に乗り、さらに出資も行うなど立ち上げを総合的にサポートすることで誘致しました。彼らの魅力のおかげで2階の事務所区画の雰囲気もよくなるし、逆に2階のテナントから彼らへのよい影響も生まれます。あのときは物件を借りるときには、2組のテナントをすでに決めて

古い印刷工場をオフィスにリノベーション。1階にはコアテナント「Impact HUB Tokyo」が入る

いました。

土中：アートアンドクラフトでは、オーナーが直接リーシングを行う場合をのぞくと、あらかじめテナントを誘致することはあまりないですね。この物件は、残りのテナントはR不動産での募集ですか？

吉里：そうです。やっぱりR不動産で扱うケースの方が多いですよ。例えば個人のオーナーさんが所有するとある古民家のリノベーションの場合、R不動産での経験則からまずは家賃設定を想定し、そこから工事費を逆算して決めました。僕らはリノベーションの場合、5年で工事費を回収することを目安にします。それより出てしまう場合は、オーナーさんに「出てもいいですか」と、かなり執拗に確認します。で、そのプロジェクトの場合は家賃相場が15～16万円のところを想定家賃18万円で計画したのですが、結果的には21・5万円で出して募集をかけてすぐに3組の申し込みがありました。物件とR不動産におけるニーズがガっちりハマったケースで、ここまでのものはめったにないですね。

土中：その企画から募集までの流れは、アートアンドクラフトの一般的な収益物件の場合とほぼ同じですね。

物件の個性を伝えきることを考えた企画・設計が、販売に活きる

土中：アートアンドクラフトでは不動産を案内するシーンを想像して、企画や設計に反映させることも多いのですが、吉里さんはいかがですか？

吉里：それはあります。というのもその物件を借りるかどうかの決め手として、背中を押すのは場所の持っている力であってほしいという、僕の理想があるんですよ。設計では、それをいかに見つけられるかというのを大事にしています。例えば最初に紹介した渋谷の物件の場合、バルコニーと共用廊下の両面が開けていて光と風が抜けて気持ちがいいのですが、そういうよさをいかに企画段階で見つけるかということはかなり意識しています。

土中：そのあたりは、賃料や新築・リノベに関わらず共通しそうですね。

バルコニーと共用廊下の抜けを強調した渋谷のオフィス（CG）。光と風が通る気持ち良さを設計に反映させた

吉里：一緒です。先日、家賃３００万くらいで坪単価もかなり高額なオフィス物件を手がけたのですが、そこでもまず２階に出た瞬間いかに視界が気持ちよく開けるかということを最優先し、予算も集中させました。メリハリはかなりつけますね。場所の力を引き出し、いかに伝えきるかということは、事業規模に関わらず大事にします。

土中：案内する方にとってもわかりやすい特徴を出すということですね。

吉里：そうです。特にファンドさんの場合、社内にリーシングに強いスタッフを抱えていないことも多いのです。そんなときはリーシングを任された担当者さんも不安そうにしているから、賃料設定や入居者募集のやり方を提案したりアドバイスします。リーシングでは入居希望者を案内する営業マンにいかにその気になってもらうかというのが重要で、営業マン自身がよいと思っている物件は、お客さんにも気持ちが伝わるので決まりやすいんですよ。だからこういう場合、R不動産というメディアは使いませんが元付け業者として我々が入って、客付け業者の選び方や彼らにどう説明したらよいかをファンドの担当者さんにレクチャーしたりします。アートアンドクラフトでは、あまりやってなさそうなタイプの物件ですよね。

土中：ないですね。この場合、常に募集を見据えながら事業が進んでいるわけですね。

だから、求められるのは企画もできる設計スタッフ

吉里：そうそう。どんな物件でもそうだけどね。特にリノベーションの場合は、最初にクライアントやオーナーさんに物件を見せてもらったその場でなんとなくの数字や募集まで想定したプランがイメージできることが多くて、それがうまく進めば、スタッフが図面化していきます。素材や仕上げなどの細かいところはスタッフがコストを見極めながら詰めていきます。

土中：アートアンドクラフトでは、私のような営業と企画をやるアドバイザーと、設計を担当するプランナーが2人一組で進めることが多いのですが、そういう役割分担はありますか？

吉里：アートアンドクラフトさんでいうアドバイザーというのは、いわゆる事業企画をする人だよね。そこに必要なスキルって結構幅広い。最近ようやく設計スタッフにも、そういう素養がある人間が育ってきたかな。

土中：いずれは設計だけをしているスタッフさんが営業的な話もできればという感じでしょうか。

吉里：僕は、設計者が職能をもっと広げるべきだと思っていて、6〜8人いる設計スタッフにも契約書のやりとりをさせたり、案内をさせたり、管理をさせたりしています。これからは建築家も、事業やプロセスのデザイン含めて設計していくことが必要だと思います。建物に関わっている以上、土地にも関わるし、契約にも関わるのだから、そのくらいやらないとダメだと思うんですよね。

土中：設計にも生きてくる知識ですよね。

吉里：設計者もあらかじめ全体像がわかっていると、プロジェクトが合理的に進むよね。

4章

集客術

——ネーミングと写真が決定率を左右する

① リノベ物件の集客戦略とは何か

新築と中古の間を狙って集客する

リノベーション物件の場合、新築物件とは異なる集客戦略が必要です。なぜなら広告にあまりコストがかけられず、マスに対する集客を狙いにくいからです。

タワーマンションなどの新築物件は、一斉に数百戸という数が売りに出されます。広告にも、それだけのお金がかかっています。僕がデベロッパーにいたバブルの頃は、モデルルームの費用を含め、広告宣伝費に3％くらい使われていました。単純計算すると、1戸あたり100万円ほど、100戸のマンションなら1億円ほどの広告費がかかるわけです。その費用は物件の価格に上乗せされ、最終的にはお客さんが負担する仕組みです。近年は広告費が抑えられる傾向にありますが、それでもリノベーション物件に比べると高額です。

一方で一般的な中古物件の場合、最近は減って来ましたが、一色刷りで営業マンの似顔絵が入っているようなチラシが主流でした。千万単位の取引に対して、あまりに軽すぎるように感じました。新築と中古では、広告に対する力の入れ方に大きな差があったのです。

アートアンドクラフトでは、その中間くらいを狙います。リノベーション物件の場合、一度に販売や募集をするのは1戸から多くても十数戸なので、そこまで多くの広告費はかけられません。そこで大量にチラシを撒いたり駅に広告を出したりするようなマス向けの集客はせず、狙った層に向けてきっちり伝えることを大事にしています。

1998年、中古マンションの一室を買い取り、まるごと改装して販売するシリーズ「クラフトアパートメント」をはじめて手がけたとき、インテリアをきちんとコーディネートしてプロに写真を撮ってもらい、ちゃんとした紙を使ってチラシをつくりました。

当時からアートアンドクラフトのリノベーション物件はマス向けに発信してもあまり意味がないと考えていたので、3人しかいなかった社員の足を使って、チラシを周辺のマンションに撒いたり、デザイナーズマンションなどのおしゃれな物件を狙ってポスティングしたり、雰囲気のよいカフェに置いてもらったりしました。その頃は、ホームページには集客力がなかったので、紙ものだけで宣伝していました。それでもオープンハウスには思った以上の動員があり、土日×3週間、計6日間のオープンハウスを行ったところ、300人ほど来てくれました。

反応がよかったので、その後もチラシのデザインはしっかりしたものにするように意識していきました。最近はインターネットやSNSで宣伝できるので、紙ものナシで広告を済ますことも増えてきました。ウェブ経由で発信すれば、紙ものを印刷し郵送したりポスティングしたりするよりは手間もお金もかかりません。今もホームページのデザインや物件の写真には妥協していませんが、以前よりはお金をかけずに狙ったターゲット層にアクセスしやすくなってきました。

ウェブ、紙もの……集客ツールを使い分ける

アートアンドクラフトが集客に活用しているツールは、およそ4つにわけられます。インターネットやSNS、紙もの、会員組織、雑誌やウェブマガジンです。それぞれどう使い分けているのかを説明します。

・インターネットやSNS

現在集客の軸になっているのは、インターネットです。個人向けのリノベーションや、不動産コンサルティングに関する問い合わせは、アートアンドクラフトのウェブサイト経由がほとんどです。アートアンドクラフトのウェブサイトでは問い合わせフォームやメンバー登録フォームにも、自宅をリノベーションしたいのか、不動産コンサルティングを求めているのか、何をしたいのか選択してもらう方式としています。

ウェブは徹底的に見やすさ重視です。スマホ対応も早い段階でしました。実際にスマホサイトを見て来たとおっしゃる方は、かなり多いですね。ホームページに正解はないと思っているので、何年かに一度は大きく変えて、かなりの頻度で細かい変更もしています。ホームページのデザインには流行り廃りがあるので、流行りには乗らずにオーソドックスなものにしています。

ウェブ経由の発信には、ホームページの他にブログ、フェイスブック、ツイッターも使っています。見学会や講座、新しいサービスなどの宣伝は、ブログを書いてSNSで拡散する方式をベースとしています。ブログは記事をストックしカテゴリー分けもできるのでこういう使い方が便利です。ホームページに基本情報を置き、ブログに随時インフォメーションを掲載し、SNSで拡散という体制としています。

・紙もの

チラシやDMなどの紙ものは、かつては宣伝の軸でしたが、最近はインターネット経由で効果的な集客ができるので、必ずしも紙ものに頼らずとも宣伝は可能です。チラシをつくる場合というのは、通常僕らがターゲットとしている大阪市内からやや外れたエリアに物件があるときや、特に多くの方に見ていただきたいときです。こういう場合、会社の認知度を上げることも兼ねて紙ものをつくり、DM業者にお願いして周辺に撒きます。一番の目的は購入いただくことですが、募集が1物件のみだと買えない方も出てくるので、リノベーションに興味はあるけど別の物件でお願いしたいという方にはメンバー登録などに誘導し、つながってもらうようにしています。アートアンドクラフトの場合は、販売物件と、個人向けのオーダーメイドのリノベーションの両方をやっていて、販売物件がオーダーメイド物件のモデルや宣伝にもなるので、たとえ1物件でも、つくり込んだ広告を出すことがあるのです。

・会員組織

会員には、メルマガで一般に先駆けての販売物件情報を伝えたり、会報を送ったりしています。4000〜5000人くらいの会員がいます。アートアンドクラフトでは会員組織を大切にしています。不動産の仕事は単発ではないからです。オーナーとはメンテナンスや新規物件の相談といった機会ごと、ホームドクターのように付き合っていきたいし、お客さんもその方が安心できると思います。どこのハウスメーカーにも「友の会」など と名付けられた会員組織がありますが、たまたまモデルハウスに行ってアンケートを書かされたから入ったとか、まったく〝友〟ではない場合がほとんどです。僕は本当の意味でのファンクラブをつくりたいと考えて、はじめてクラフトアパートメントをつくった1998年から、会員組織をベースとするつながりを育ててきました。

・雑誌やウェブマガジン

雑誌やウェブマガジンには、こちらからの積極的なアプローチはしていません。会報と、大きなイベントがあるときのプレスリリースを送るくらいです。長くリノベーション事業を続けているためか、今は情報を求める記者や編集者から、「こんな企画をやるのですが、何か合う物件はありませんか?」と問い合わせをいただくような関係性ができています。リノベーション事業を始めた頃は、雑誌に掲載されると大きな反響があったのですが、人が雑誌を買わない時代になった今はウェブマガジン経由の反応の方が多いかもしれません。ホテルについては現在も、雑誌で紹介してもらえると効果的ですが、住宅が雑誌に掲載されたときの反応は少なくなりました。

大阪R不動産で集客する

入居者募集や売却は、アートアンドクラフトが運営する大阪R不動産を通じて行うことが多いです。大阪R不動産とは、東京R不動産と連携し、2011年に立ち上げたものです。元々運営していた不動産紹介サイト「AC不動産」が基盤になりました。AC不動産とは、リノベーション可能な中古物件を個人向けに紹介することを目的に、リノベーション事業を始めて間もなく立ち上げたサイトです。収益物件を扱うようになってからは、入居者募集にも対応していました。

東京R不動産のメンバーの馬場正尊さん、林厚見さん、吉里裕也さんとは、2003年の立ち上げ初期から付き合いがありました。東京R不動産が新しかったのは、築年数や交通、部屋数などのスペックに頼らず、〝天井が高い〟とか〝眺望が良い〟など、空間やシチュエーションを軸に不動産の評価を試みていたことです。当時僕も水辺というシチュエーションを持つ不動産のみを扱い、川沿いに住みたい人の需要に応えるサイト「水辺不動産」を大阪で立ち上げようとしていたので、東京R不動産の方針に共感し、僕から会いに行きました。彼らは東京以外の地域でもR不動産を展開するようになり、もし大阪でR不動産をやるなら一緒にしようとずっと話していたのですが、2011年にようやくそれが実現したのです。

大阪R不動産を始めると、個性的で気の利いた賃貸物件を求めるお客さんはたくさんいたようで、リノベーションした物件が、すーっと流れるようになりました。特に長屋やレトロビル、元工場など、独自性のある中古物件の紹介には、かなりの実績ができました。そして大阪R不動産のアドバイザー（営業マン）は前線でユーザーの感覚をつかんでいるので、ある物件が6万5000円なのか7万円なのかという細やかな相場観を持っています。その感覚があるおかげで不動産コンサルティングにおいても、適切な賃料を提案できるようになりました。

ところでこれから伸びると感じるのが、募集や売却の先にある「管理」です。居住者間のコミュニティを上手く育てるとか、何か得意分野を持ち、この会社に任せれば不動産運営は上手くいくと評判になる会社が次々と現れると思います。壁紙を選べる賃貸住宅などを運営するオーナー「株式会社まめくらし」の青木純さんとか、古民家シェアハウス「バウハウス」などを手がける大関商品研究所の大関耕治さんなど、新しいタイプのプレイヤーがすでに現れています。管理が付加価値になり、家賃に反映される傾向も感じられます。

② 集客術〈集合住宅・ホテル編〉——不動産の価値はネーミングとロゴで変わる

物件の個性を的確にあらわすコピーを考えよう

まずは「大阪R不動産」のケースから、キャッチコピーの考え方を説明します。この場合、物件紹介のコラムを読んでもらうことが最初の勝負どころなので、コラムのタイトルはかなり工夫してつけています。たとえばルーフバルコニーが一番の売りの物件ならば、それは絶対にタイトルに入れます。立地に特徴があるなら地名を入れます。サイトに掲載できる文字数が最大20字とかなり短いので、物件の特徴を端的に言い表し、かつ興味を持ってもらえるタイトルをつけるようにしています。物件の用途などの詳細は、タイトルの次に来る2〜3行のリード文におさめます。理想は2章で出てきた「居心地のよいオフィス」のような、誰しも心のどこかで抱いていた需要を掘り起こし、競合物件と明確な差別化を図るコピーをつけることです。

アートアンドクラフトの場合、競合は世間の主流となっている大型のオフィスやマンションです。そこでコピーでは、彼らにはない「居心地のよさ」「ゆるさ」を訴えることが多いです。たとえば大手企業で働いてから独立したばかりの方にとっては、オフィスは窓が開かないのが当たり前で、そこに何となく不満を感じていたりもするので「このオフィスは窓が開きます」という説明にグッとくるわけです。

大型の不動産物件の広告は、欠点をうまくごまかしているなとよく思います。たとえば窓が開かないことは安定した熱環境や省エネに、オール電化は安全性に置き換えて説明しています。裏を返せばデメリットになりうる特徴も多いので、リノベーション物件を宣伝するときには彼らの裏をかくことを言うと、大型物件と差別化できるのかもしれません。

建物のネーミングには凝るな

建物のネーミングも、集客に関わる重要なポイントです。避けてほしいのが「オーナーの姓や企業名を入れる」「聞き慣れない横文字の名前をつける」の2点です。

オーナーの姓や企業名を入れるケースでよくあるのが「カーサ○○（オーナーの姓や企業名）Ⅲ」といったパターンでシリーズ化すること。タクシー会社や宅配業者が混乱しがちです。覚えられないし、住人の方は建物名を最後までしっかり言わないことも多いので、迷惑をかけることになります。

またオーナー絡みの名前のついた物件は、売却をする場合、かなり嫌われます。他人が所有するとなると、マイナス要素でしかありません。しかし名前を変えるとなると継続して入っている入居者にも迷惑がかかるし、看板の付け替えなどにも100万円単位でお金がかかります。「聞き慣れない横文字」は、入居者が苦労させられるネーミングです。住所を書くのが面倒だし、カタカナ表記で小さい「ュ」なのか大きい「ユ」なのかと悩みます。

入居者目線で考えると、シンプルで平べったい名前にしておく方がいいと思います。たとえばアートアンドクラフトでは「アパートメント」をよく使います。僕が不動産業界に入った30年前はダサいイメージでした。でも20年ほど前に「ハスネワールドアパートメント」という名前の集合住宅を建築の雑誌で見かけていいなと思い、自分たちでもしばしば使うようになりました。他にもたとえば「ハイツ」「荘」などのシンプルで飽きのこない言葉がいいと思います。凝るにしてもせいぜい「カーサ」くらいまでで抑えておくべきです。

不動産は長い商売、流行りは追いすぎない

物件を売却するときのことを考えると、流行りは追いすぎない方が有利です。たとえばバブルの頃に流行ったポストモダンのようなクセのあるデザインの建物は潰しが効かず、誰もが扱いに困っています。

コピーや建物名も、最近よくある「ソーシャル〇〇」「スマート〇〇」あたりは、古くなる可能性が高いと思います。昔〝文化〟という言葉が流行ったときに世の中に「文化アパート」が溢れましたが、そういった名前は特定の時代のものだとバレてしまうので、できるだけ避けた方がよいのです。不動産は1つのものを長く売り続ける商売なので、所有物件のデザインや名前については、長い目で見て考えた方がよいと思います。

事例①鎗屋アパートメント

ロゴや門扉のデザインにこだわったファンド物件

「鎗屋アパートメント」は2004年に企画・設計した物件です。1968年、衣料品製造卸商社の自社ビルと

して建てられ、事務所、展示場、倉庫、お針子さん用宿舎として利用されていました。地上6階、地下1階の鉄筋コンクリート造の建物全体をリノベーションし、全6戸の賃貸住宅にコンバージョンしました。

名前は「エリアの地名＋アパートメント」です。名前はシンプルですが、ロゴデザインなどにはこだわりました。「鎗屋アパートメント」は、投資不動産として価値や信頼性を上げることが特に意識されていました。その一環として、ロゴやウェブのデザインにも、ずいぶん力を入れることになりました。建物に「オーナーが愛着を持って手入れしているヨーロッパの小規模なアパート」というストーリーを設定し、コンセプトは「１９２０年代のアールデコとモダニズムの2つが融合したデザイン」とあらかじめ決めました。そこから少しレトロな書体のロゴが生まれました。ロゴを担当した方には、カタログとホームページもデザインしてもらいました。こういったツールは、入居者募集のみならず売却時への活用も見込まれていました。

門扉にも、よく見ると「ＹＡＲＩＹＡ（鎗屋）」の文字が入っているのです。ロゴをデザインした方が考えてくれた意匠です。看板の素材や配置は僕が決めましたが、こげ茶と金の渋めの配色としました。またキーホルダーなどのグッズも制作しました。このような一貫したデザインは独りよがりなこだわりで行われたのではなく、商品価値を向上させるために事業主が主導しまし

「鎗屋アパートメント」のロゴデザイン。看板の素材や配置など、一貫してブランディングにこだわった事例

「鎗屋アパートメント」地上6階、地下1階鉄骨造の事務所ビルを全6戸の賃貸住宅にコンバージョンした

KYARIYA APARTMENTS
CONCEPT
新築ではなく、時代を遡る。
1960年代の建物を2004年にコンバージョン（転用）するにあたって、「まるで新築のように」作りかえる気はなかった。年月を経ている建物の良さを存分に引き出すのは、若作り的な発想ではない。逆に時代を遡って1920〜30年代のアール・デコ様式と、以降のモダニズムが融合した時代性を意識したデザインとした。当時の大阪は"大大阪"と呼ばれ、活気に満ちた時代。今も残る近代建築が数多く建てられた時期でもある。

「鎗屋アパートメント」内観（上）。広報ツールにも力を入れた（下）

た。実際にここは数年後に投資不動産として売却されています。

当時、リノベーションで不動産金融商品をつくるスキームはありありませんでした。だから事業主は、ファンドの世界で抜けた存在になるためにもグラフィックデザインや広報ツールに力を入れたのだと思います。ただし古い建物を金融商品にするというのは安定性に欠けるのでリスクがあり、事業者に知識と経験がないとやりにくい商売だとは思います。だからリノベーションより新築の方がどうしても多くなります。

事例② HOSTEL 64 Osaka

SEOを意識して戦略的に名付けたホステル

「HOSTEL 64 Osaka」は、アートアンドクラフトが企画・設計・施工し2010年に開業、現在まで自社で運営しているホステルです。1964年築、工具メーカーの倉庫＋事務所＋従業員宿舎として使われた地上4階建の鉄筋コンクリート造の建物を1棟まるごとリノベーションし、全10室の宿泊施設へと転用しました。

ここは宿泊施設なので、集客を意識して戦略的に名前をつけました。当時はホステルの数自体が少なかったので、ホステルという単語は絶対に入れようと思っていました。また当時はホステルの予約サイトがあまり充実していなかったので、個人が直接宿のホームページを探して予約することも多かったのです。そういう方は「hostel osaka」で検索するはずなので、〝ホステル〟と〝大阪〟の間に1964年生まれのビルということで〝64〟を入れたシンプルな名前にしました。これはSEO対策としてかなり上手くいって、「ホステル　大阪」で検索すると長いこと一番上に出ていました。

またホステルという業態は数年でかなり世の中に広まると思っていたので、ホステル以外の呼び方が要ると思いました。そこで「ロクヨン」と呼んでもらえるように、カタカナの施設名は「ホステル ロクヨン オオサカ」

「HOSTEL 64 Osaka」工具メーカーの倉庫・事務所兼宿舎を10室の宿泊施設へコンバージョンした。ロゴはシンプルに、ネーミングは海外の人にも呼ばれやすいものをこころがけた（上左：外観、上右：ロゴ、下：ロビーラウンジ）

としました。英語圏から来られた方も最初は「シックスティーフォー」などと言いますが、慣れてくると「ロクヨン」と呼んでくれます。

また「HOSTEL 64 Osaka」では、円形のロゴを使っています。シンプルで視認性の高いロゴです。模様に意味はあまりないのですが、数字の〝64〟にもなんとなく見えてきます。デザインを担当したUMA/design farmの原田祐馬さんには、ギュッと固まったロゴにしてほしいとだけ伝えました。最初にこれが出てきたので、一発で決めました。お客さんの記憶に画像としてなんとなく残ってくれるので、現地でも見つけやすいし、一度ホームページを見てくれたら次回以降もぱっと見つけてくれるようになります。

このロゴは、ティッシュペーパーにも使っています。ホステルは安宿のイメージが強く、タオルもお金を出して借りるようなところが多かったんです。僕はちょっとホテルに近づけたかった。ホテルの場合は部屋の中にティッシュペーパーが置かれていますが、ホステルには

「HOSTEL 64 Osaka」ロゴをあしらったティッシュペーパーと暖簾

通常ありません。そこで宣伝も兼ねてポケットティッシュをつくり、ショップカード代わりに配ろうと思いました。普通サイズのポケットティッシュでは安っぽくなるし他の販促用ティッシュの中に埋もれてしまうので、正方形でつくってくれるところを探しました。部屋のティッシュをボックス型ではなくポケットティッシュにすると、掃除の手間も省けるのも好都合で、後に沖縄で開業させた「SPICE MOTEL OKINAWA」でも同じことをやっています。

③ 集客術〈住宅編〉――ライフスタイルをイメージさせるモデルルームと写真のつくり方

モデルルームではステージングに力を注げ

ここからはモデルルームのつくり方、見せ方を紹介します。商品を売り出す際には、入居後の生活をイメージしてもらうことを大事にしています。そのため、モデルルームのコーディネートと写真にはかなりこだわっています。

きっかけは創業した頃に、北欧のキッチンメーカーのカタログに出会ったことでした。当時僕は、不動産の評価軸はスペックからライフスタイル重視に切り変わると予感していました。そのカタログはまさにライフスタイルの提案に振り切ったつくりでした。キッチンを使っている女性やカップルを撮った素敵な写真、ディテールの写真ばかりで構成され、機器のスペックは最後の1、2ページに小さく載っているだけでした。日本でそういうカタログを最初に制作したのは、大阪の家具店「TRUCK FURNITURE」だと思います。自分たちの飼い犬まで出して、ライフスタイルを前面に押し出したカタログをつくっていました。

僕は住宅も、そこで暮らしている姿を想像させ、「こんなライフスタイルを手に入れたい」と思わせるように、家具や雑貨、ファブリックを使ってコーディネートして見せることが必要だと考えました。それを僕たちは〝ステージング〟と呼び、モデルルームに取り入れてきました。

モデルルームには小物を置いて生活感を出そう

アートアンドクラフトが企画と設計に関わった物件では、必ずモデルルームをつくります。モデルルームのつくり方や写真の撮り方において、いわゆるデザイナーズ物件と差別化している部分があります。それは小物の置き方です。デザイナーズ物件は、まるでミニマリストの住まいのような物のない空間に仕上げられていることが多いです。一方で、物をあふれるくらい置くことがあります。たとえば「クラフトアパートメントvol. 10」(216ページ参照)のターゲット設定は、「カップルで彼女はアパレルのパタンナー」というものだったので、玄関を入ってすぐのところに設けたワークスペースに、マネキンを置いたりしました。ワークスペースのような用途があいまいな空間を提案する際には、小物を使ってイメージを伝えることが有効です。

家具や雑貨のコーディネートは、トレンドを押さえていないと務まらないので、社内外に専門的なスタッフを抱えています。また社内に1人、すべての物件のコーディネートを統括するスタッフがいます。前の物件でこの家具を使ったから、次は使わないようにするとか、バランスを調整する必要があるからです。メインカットに出てくる家具は、使い回し感が出ないよう、そして前の物件と同じに見えないよう、別の物件では使わないことにしています。

予算を抑えるコツはいくつかあります。よくやるのは組み立てられるプラスチックやダンボールの箱に小物などを詰めて持ち込み、その箱を重ねてベッドにすること。ベッドやソファを運ぶのが一番大変なので、空気を入れて膨らますソファを使うことがあります。

賃貸物件ではあまりお金がかけられないことも多く、その場合はコンセプトに合う家具を社内から持っていき、オーナーの負担が少なくなるようにステージングを済ませることもあります。社内である程度、家具や雑貨を揃えていますが、ずっと同じではいけないので、時々入れ替えています。たまに家具をモデルルームで販売することもありますし、お客さんからの依頼で家具ごと購入いただくこともあります。

メインカットの構図は、設計段階から決めておく

アートアンドクラフトでは、メインカットの構図を設計段階であらかじめ決めています。これはあまり社外に言いたくないくらい、うちの設計の肝となっている部分です。たとえば給湯器のスケッチがそこに映り込んではダメだから移動しようとか、その角度から見た風景を想像しながら、設計をするのです。使い勝手と構図の両方を踏まえた3D的な設計を社内の設計担当者の間で共有しています。

このやり方をしているのは、僕が営業畑の出身だからだと思います。つくっている段階でも自分が販売する立場で売りやすいかどうかを、イメージしてしまうのです。

人、ディテールの写真も用意しておく

1枚の写真に複合的な情報を盛り込んだメインカットの他に、人が入った写真も必ず撮影します。そこで暮らしている自分たちを想像してもらうためです。洋服も、服だけを見せるよりも、それを着ているモデルさんの写

真もあわせて見せた方が、イメージが伝わりやすいですよね。

ディテールを撮影した写真も用意します。トグルスイッチや、窓辺、壁のタイルといった部分を寄りで撮影した写真のことです。メインカットを補完する役割で、いくつかの写真でその人のライフスタイルをあらわしていくことを意識して用意しています。8枚くらい写真を載せられる媒体もあるので、そこでどんな生活ができるのか、イメージに深みを与えることができます。

広報媒体としてはウェブやチラシの他に、取材を受けて雑誌に載ったときのことも想像しています。記事に使える写真や文章は、こちらである程度用意しておきます。そのほうが記者の方も書きやすいですし、メディアでどう紹介されるかをある程度制御できるからです。

その場所での暮らしを具体的にイメージできるよう、人が入った写真を広告用に撮影した

オトナのひとり住まい
大阪市の世帯は約半数が単身世帯。急増するその数に対して、自立したオトナのひとり暮らしに適した住宅はまったく足りていません。では、みんなどんな家に住んでいるんでしょう？いつかは誰かと暮らすかも。前は誰かと暮らしてた。でも今はひとりだからと住まいをないがしろにしてきた。気付けばもう何年もココに住んでるよ！どうにかしたい、けど…ひとりで？30代も半ばになると所謂若者向けワンルームマンションは卒業したい、が本音。ひとりはもはやマイノリティーなんかじゃない。
OPEN HOUSE
1/22 FRI 23 SAT 24 SUN
北堀江のアパートメント
15:00-20:00［FRI］
12:00-15:00［SAT/SUN］
販売価格/1,990万円(税込)
専有面積/46㎡
予約不要
Arts&Crafts

「オトナのひとり住まい」オープンハウス時のチラシ。深みのある重厚なタイルを大きく用いることで上質なイメージを伝えた

COLUMN 2018.2.1

【連載】戦前築の元印刷工場を甦らせる

第1回 建築の記憶を引き継いで

西川純司（アートアンドクラフト／大阪R不動産）

巨大な木造トラスが印象的な、かつて印刷工場だった建物。可能な限り元の魅力を残しつつ、この度アートアンドクラフトがリノベーションします！　3月末からは賃貸募集も開始予定。

「大阪の東の玄関口」とも呼ばれる京橋。この場所に立派な木造トラスを持つ建物が現存します。今となっては聞き伝えでしかなく確かな記録はないのですが、もともと小学校の講堂としてつくられたそう。固定資産課税台帳によると少なくとも昭和14年には建っていました。

木造とは思えない大空間の2階。

「鶴身印刷所」の募集時には、ホームページ上で連載コラムも企画した

事例③クラフトアパートメント vol. 7

寝室、リビング、キッチン、公園の緑を一枚におさめる

「クラフトアパートメント」は、買い取った中古マンションをコンクリートの箱になるまで解体して、ドアの取っ手ひとつまでこだわったリノベーションをした上で販売しているシリーズで、1998年から展開しています。2006年に実施した「クラフトアパートメントvol. 7」の特徴は、寝室からリビング、キッチンまでつながったオープンな空間です。そこでは寝室からキッチンまで見通せる構図をメインカットとしました。また物件が公園の前にあることも伝えたかったので、公園の緑がぎりぎり入る構図になっています。

家具はコンセプト「レトロフューチャー」に合わせて選びました。これは欧米の独立型ガスコンロから着想したコンセプトです。新築ではシステムキッチンが主流ですが、ここでは昔の欧米の独立型ガス

寝室からリビング、キッチン、公園までを見通せて、広さと開放感、環境の良さを伝えるカット（クラフトアパートメント vol.7）

コンロを入れて差別化を試みました。使いたいガスコンロの印象がレトロフューチャーだったので、それに合わせて暖かみのあるタイル、洗面にある収納付き鏡、丸っこいテレビなどを選んでいきました。左のソファは、ショップカードを置く代わりに家具屋さんが無料で貸してくれたものです。

またバスルームもあらかじめ構図を決めていました。浴室と洗面脱衣室を別々にではなく一体でバスルームとして認識してもらえるような写真を撮りたかったのです。だから浴室と洗面脱衣室をつなげてタイルを貼りました。ガラス越しにシャワーの金物がどう見えるかということも考えました。

ちなみにクラフトアパートメントのシリーズは毎回、取り合いになるくらい人気です。そして発表するたびに、個人住宅のリノベーションのお客さんも、こんな家に住みたいという方が増えます。クラフトアパートメントはアートアンドクラフトにとって、ライフスタイルや空間のイメージを発信する〝コレ

脱衣室と浴室のつながり、金物の見え方まで意識して設計したバスルームのカット（クラフトアパートメントvol.7）

クション〟のような立ち位置となっています。

事例④クラフトアパートメント vol. 10

住戸を貫くキッチンカウンターを見通しで撮る

2009年に手がけた「クラフトアパートメントvol. 10」は先述のとおり「カップルの住まいで、彼女は家でアパレルの仕事をしている」という設定です。元の住戸は、玄関から窓辺まで見通せる奥行きのある間取りが特徴でした。家で過ごす時間が長い彼女のライフスタイルに合わせ、家事動線と仕事場をつなぐ明るくて細長いキッチンを設けました（178ページ参照）。

キッチンのカウンターは窓辺のあたりで、洗濯物を畳んだり、ちょっとしたデスクワークをしたりできる家事室のような性格に変わります。キッチンのシンクとユーティリティが並んでいる住宅というのは、なかなかありません。そこでカウンターを見通す写真を撮ることをあらかじめ決めました。設計の段階で、映ってほしくないもの、たとえばキッチンのリモコンはシンクの手前に付けてアングルから外しました。

こういったオープンなキッチンは、撮影時だけではなく生活していく上での見栄えも意識して設計しています。使っている最中でも清潔感を失わないように、どうしてもゴチャっとしがちな部分は来客があっても見えにくい配慮をするといった工夫をしています。

④ 集客術〈ビル・オフィス編〉――物件案内では、シーンをイメージさせよう

決定率アップのために、シーンをつくる

実際に営業をするフェーズで、決定率アップのためにやっていることを説明します。

営業担当者はお客さんに建物を見せるとき、どこをどういう順番で見せるかをあらかじめ考えています。たとえば2章で紹介した「アイエスビル」の場合は、最後に屋上を見てもらいます。街中だけど、パッと視界が開ける空間が存在するということを知ってもらってから、ベンチに腰かけます。するとお客さんもリラックスしてきて、オフィスにこんなくつろげる空間があるといいですよね、とハンコを押してもらえるわけです。「アイエスビル」の屋上では、夜景も撮影しました。残業の夜にもここで少しリラックスできるというようなイメージを伝えるためです。こうしてシーンを増やしていくと、物件力がついて、決定率が上がっていくんです。

残業の夜もリラックスできる屋上空間をおさめた「アイエスビル」のカット

将来的にはVR・AR技術が発展し、物件に行かずともあたかもそこにいるかのような

体験ができる時代がやってくるでしょう。僕らも360度カメラなどは活用し始めていますが、もう2、3年でVR・AR技術がもたらす体験はぐっと実体験に近づくと思います。これから不動産サイトも、臨場感のあるつくりに変わると思います。ついていけない不動産仲介業者やオーナーは、取り残されていくのでしょう。よくも悪くも、あらかじめ仕掛けが見えてしまう時代になろうとしていて、面白くない部分もあります。たとえば実際の物件を見ていないのに、行った気分になられて判断されてしまうのは不本意です。そういう状況では、最初から全部見せてしまうのではなく、あえて見せないところもつくっておく必要があるのかなと思っています。

リラックスできる共用スペースは、最後に案内する

1章と2章で紹介した「新桜川ビル」の場合は、

「新桜川ビル」1階のコーヒースタンド

まず1階や2階の共用部を見てもらってビルの特徴を理解いただいた後、お部屋を案内します。最後はやはり屋上に行きます。ここは物干しに使うくらいでベンチなどの用意はないのですが、すごく眺めがよいので決め手になることが多いのです。また1階にあるコーヒースタンドにもよかったら寄ってくださいと伝えます。お店に行ってもらうというのは、他の物件、たとえば3章に出てきた「銭屋本舗本館」などでもやります。入居した後の生活をイメージでき、決定率向上につながるからです。

また1章と2章で紹介した「APartMENT」の場合は、日当たりのよい共用の庭に置いてあるベンチを最後に案内します。「入居者さん同士が仲良くて、ここでバーベキューをやったりしているんですよ」という話をすると、よい印象を感じてもらえます（180ページ参照）。

客が床や壁の色を選び始めたら勝利

賃貸物件の場合、床や壁などをオーナー側で入居前の状態に戻してから次の借り手を連れてくる「原状回復」の慣習があります。これは床や壁の色や素材が入居者を狭めてしまいます。貼り替えて自分の好きな色にできると伝えた方が確実に喜ばれます。

そして好きな色や素材を選べますよと伝えたときに、客が実際に色や柄を選び始めたら、勝利です。先のことを考えているということは、そこに入居する気があるということだからです。

一方で、交換をせずに長く使っていけるような素材を床や壁に使うこともおすすめです。これまではクレームも出にくく、工務店も楽に施工のできるキズの付きにくいツルピカな素材が選ばれていたと思いますが、最近は入居者の目が肥えて来ているので、安っぽい素材は嫌われます。それよりは、たとえば厚めの無垢のフローリングを入れてキズがついたら薄くカンナをかけるとか、いい材料を入れ、人が入れ替わるたびにメンテナンスしながら使い続ける方が長い目でみると安上がりです。

不動産は広さや築年数ではなく、収益性で評価される

収益物件は基本的には、所有し続けて家賃収入を得るものですが、最終的に売却するケースも考えておく必要があります。売却の際に銀行や不動産屋は、不動産をどう評価すると思いますか？ エリアの相場や広さでも評価しますが、最大の判断基準は収益性です。いま家賃が毎月いくら入っているのかということが重要です。たとえば5室しかないアパートで相場に比べて強気の家賃設定をしていても、常に満室ならば、それが物件の評価になります。昔は築年数と周辺の家賃相場と広さでその物件の相場が決まっていましたが、最近は収益性で捉える時代になっていると思います。

だからリノベーションで重要なのは、値崩れしないことです。新築物件はいうなれば「若さで勝負」で、新しさしか武器を持っていないことが多い。こちらは年齢を重ねても下がらない武器を用意しておく必要があるのです。それは企画や設計の段階で、かなり戦略的に準備できます。既存の建物の魅力や希少性、街やロケーションの特性に注目し、それを生かすリノベーションをすれば、値崩れしない価値を生み出すことができるはずです。

おわりに

不動産事業や不動産経営における「成功」って何なのでしょうか。ビジネスなのだから「売上・収入」が大切なことに疑いはありません。他に、その不動産の将来性や資産価値が見込めること。空室期間が少ないなど事業に安定性があること。万一のときに売却して現金化できる換金性が高いこと。節税効果が大きいことを重視する人もあるでしょう。いずれにせよ成功とオカネは密接です。

しかし、ビジネスであると同時に「ビジョン」もあっていいはずです。「留学生が集まるアパートホテルをつくり、世界の人々と文化交流したい」「一人親家庭が入居するアパートを経営し、子どもの一時預かりなどもして支援したい」「才能に惚れ込んだ建築家に依頼して後世に残るデザイン物件をつくりたい」などのビジョンがあり、さらにそれがビジネスとしても成功するのが理想。他の業種、例えば飲食業や物販を始める人も、きっとそのようなビジョンから事業を始めていると思うのです。

単にオカネだけ追いかけるよりカッコいいと思うし、「えっ、あの建物のオーナーさんなんですね！」と、人々から尊敬されるかもしれません。もし今はビジョンが曖昧でも、私たちプロが法律面や技術面を固めて、世に通用する「企画」にしていくので、想いがある事業主が増えてほしいなと思います。人と違う個性的な道を進むには勇気が要るかもしれません。しかし本書の冒頭で述べたとおり、この先の不動産事業は個性がなければやっていけない時代です。ビジョンとビジネスを両立する。そして自分の建物に誇りが持てる。それが不動産ビジネスの「成功」だと考えています。

さて、リノベーションに関する書籍を学芸出版社から発行するのは本書が二冊目です。2007年に個人向け住まいづくりの指南書として『みんなのリノベーション』を著しました。おかげで第4刷まで発行するロングセラーとなりましたが、当時の編集者、井口夏実さんに今回も担当いただきました。そして、本書の構成で参加いただいたのが平塚桂さん（ぽむ企画）。お二人のおかげで、僕たちの雑多な知識と経験が秩序立った書籍になりました。そして、事例の不動産オーナーのみなさんに掲載協力いただけたからこそ、具体的で濃密な内容になりました。本当にありがとうございます。

最後に、いま僕たちが携わっているこの不動産リノベーションに関する職業について書きたいと思います。リノベーションという言葉はすっかり普及しましたが、事業用の不動産再生を、コンサルティングから企画・設計・工事、そして販売・賃貸募集・広告デザインまで一社でトータルに請負える会社って、まだまだ少ないと思います。というか、その職種を表す言葉さえないと思うのです。プロとして獲得すべき知識や技術は山ほどありますが、その分やりがいのある仕事です。この不動産リノベーションという分野で夢を追いかける人が、建築・不動産を学んだ人たちの間で増えることを切に願っています。

2018年8月

アートアンドクラフト代表　中谷ノボル

中谷ノボル　（なかたに　のぼる）
アートアンドクラフト代表。一級建築士。宅地建物取引士。1964 年、大阪市生まれ。国立京都工芸繊維大学建築学科を卒業後、マンションデベロッパーやハウスメーカーで、建築設計・不動産営業・現場監督を務め、1994 年にアートアンドクラフトを設立。本業の他、まちづくり NPO を設立し、街や公共空間のリノベーションにも携わってきた。2012 年に同社沖縄事務所を設立以降は、大阪と沖縄を往き来して各地のプロジェクトに関わっている。著書に『みんなのリノベーション―中古住宅の見方、買い方、暮らし方』（学芸出版社）

アートアンドクラフト
1994 年設立。大阪を中心に阪神間や沖縄などで活動している、建築の設計施工・不動産の仲介およびコンサルティングを手がける事務所。住まいやオフィス、宿泊施設など、都市に暮らす人々が長時間滞在する空間をリノベーションで魅力的に再生させることを得意とし、あたらしい都市居住スタイルを提案しつづけている。

不動産リノベーションの企画術

2018年 9 月20日　初版第1刷発行

著　者　中谷ノボル＋アートアンドクラフト
発行者　前田裕資
発行所　株式会社学芸出版社
〒600-8216
京都市下京区木津屋橋通西洞院東入
電話075-343-0811
http://www. gakugei-pub. jp/
Email info@gakugei-pub. jp
構　成　平塚桂
装　丁　UMA/design farm
DTP組版　ケイエスティープロダクション
印刷・製本　シナノパブリッシングプレス

ISBN978-4-7615-2688-7
Printed in Japan